新时代
营销
新理念

实体店
经营破局

从网红到长红

陈海涛 著

清华大学出版社

北　京

内 容 简 介

一切生意的本质皆流量。在电商和三年新冠病毒疫情的冲击下，很多实体店陷入流量困局，举步维艰。网红店这一线下实体新生事物却成功解决了流量问题，成为粉丝们争相打卡的地方。相信不少店家都有一个网红梦，希望能成为网红店，化解经营困局。

网红店最大的痛点在于，只有流量而没有存量，一旦热度退去，网红的光环消失，流量也会迅速退潮，"一炮而红，一火就死"形容的就是网红店短命的行业现象，其下场甚至比非网红店更惨。

如何让实体店突破流量困局，成为网红店、流量店、打卡店？

如何让网红店突破留量困局，成为长红店、口碑店、品牌店？

本书将详细介绍"线上引流—线下消费—持续发酵—成为网红店"的网红店打造逻辑，同时会重点分享如何才能让网红店摆脱"一炮而红，一火就死"的宿命。

图书在版编目（CIP）数据

实体店经营破局：从网红到长红 / 陈海涛著 . —北京：清华大学出版社，2023.11
（新时代·营销新理念）
ISBN 978-7-302-64631-0

Ⅰ.①实…　Ⅱ.①陈…　Ⅲ.①商店－商业经营　Ⅳ.① F717

中国国家版本馆 CIP 数据核字 (2023) 第 177788 号

责任编辑：刘　洋
封面设计：徐　超
版式设计：方加青
责任校对：王荣静
责任印制：丛怀宇

出版发行：清华大学出版社
　　　　网　　　址：http://www.tup.com.cn，http://www.wqbook.com
　　　　地　　　址：北京清华大学学研大厦 A 座　　　　邮　　编：100084
　　　　社 总 机：010-83470000　　　　　　　　　　邮　　购：010-62786544
　　　　投稿与读者服务：010-62776969，c-service@tup.tsinghua.edu.cn
　　　　质 量 反 馈：010-62772015，zhiliang@tup.tsinghua.edu.cn
印 装 者：大厂回族自治县彩虹印刷有限公司
经　　销：全国新华书店
开　　本：170mm×240mm　　　　印　　张：14　　　　字　　数：209 千字
版　　次：2023 年 12 月第 1 版　　　　印　　次：2023 年 12 月第 1 次印刷
定　　价：69.00 元

产品编号：100130-01

为什么要打造网红店？

因为线下实体店都在遭遇不同程度的客流荒，获客难度越来越大，获客成本越来越高。

网红店能快速形成势头，短时间收获大量客流，提升知名度。成为网红店就不愁流量，流量是销量的基础，就能有效扭转店铺经营困局。

暨南大学新闻与传播学院教授、新媒体研究所所长谭天指出："'网红店'有两大要素，一是网，二是红。本质上，'网'是指以互联网思维经营，'红'即是尽可能制造流量和热度。"

除了网和红，网红店还具备两大特质：

第一，线上具有话题性。品牌在线上具备被讨论的话题点和足够的信息量，足以向线下门店导流。

第二，线下具有社交货币功能。即线下体验使人能产生拍照、在社交媒体上分享的欲望，让线下内容回流至线上，形成一个闭环。

雕爷牛腩、黄太吉、乐凯撒、西少爷、瑞幸、赵小姐不等位、太二酸菜鱼、桃园眷村、喜茶、鲍师傅、超级文和友、奈雪的茶……这些人们所熟知的网红品牌身上都有类似的网红要素、特质和标签。

不少人有网红梦，不少店家也有网红梦，希望像上述品牌一样成为网红店，从而获得更大的流量和更高的知名度。

一家网红店的诞生，少数是机缘巧合，多数则是主动为之，它们通过网络营销手段积蓄人气，注重社交属性，赋予产品人格化的内涵，利用人们的认同感和好奇心吸引消费者，引爆流量。

让一家店"红"起来，重点在于"网"，即通过互联网营销、引流手段为门店吸引流量，引爆人气，走红于社交网络。

网红店的诞生，是营销组合拳集中发力的结果，打造的基本路径为：线上引流—线下消费—持续发酵—成为网红店。

打造网红店，突破的是传统实体店的流量困局，解决的是实体店客流荒的问题。

解决了流量困局的网红店，想长久红下去并不是一件容易的事。大部分网红店都会经历从门庭若市到门可罗雀的巨大落差，"一年红火两年降，三年四年换行当""一炮而红，一火就死"形容的就是网红店短命的行业现象。

一味追求流量，重营销轻内功，缺乏核心竞争力，无法产生复购，这是网红店的致命伤。

绝大多数网红店靠玩营销出名，但是火了之后又因为产品、服务、供应链、内部运营等内功跟不上，无法形成消费者复购和黏性，把长久的生意做成一次性买卖。

通过营销平台一夜爆红的网红店大多并不具备不可替代的优势，它们之所以能在短期内吸引大量关注、迅速起势，是因为短期内的信息流集中轰炸，引导网友跟风打卡。

新鲜劲一过，消费者就会将注意力放在产品和服务上，很多网红店在这方面乏善可陈。一旦网红外衣褪去，网红店"高速翻车"现象也就在意料之中了。

事实上，一家网红店能够维持火爆或一个线下门店能持续盈利，实现长红，考验的是系统能力，产品、服务、供应链、人才、运营，任何一个环节都不能出现短板，而决定一家网红店寿命周期的，恰恰是其短板。

在品牌发展初期，网红店靠着单一的长板策略爆红——或者是爆款单品，或者是营销手法。但是，随着消费者回归理性、竞争对手增加，网红品牌的势能会被摊薄，网红店能否活下来的关键，就回到了最底层的经营逻辑。比如，有没有好的产品体验、服务效率，有没有供应链系统与人才系统的搭建，有没有门店复制的标准化运营体系，有没有日复一日精进产品和服务的匠心精神等。

"并不是哪一个点做得突出就会火，而是任何一环都不能有短板。无论管理运营还是产品，包括选址、拓展，都很重要。"喜茶创始人聂云宸说。系统作战能力强，才是真的强。

《人民日报》对网红店给出过这样的评价与建议："'网红'并非一个贬义词，有的网红店一路飘红，比如图书领域的诚品书店、食品领域的一些老字号餐馆，其推出的新品持续为消费者所追捧。这背后的共同点在于：'店主'们认识到，网红店也是实体店，既然如此，就脱不开诚信经营、品质立身的行业圭臬，要持中守正、本分做事，承担起与名气对等的社会责任，保障消费者合法权益。同时，按市场规律办事，循序渐进创新，以持续不断的优质产品和服务赢得回头客。"

网红店要想延长"保鲜期"，实现口碑裂变，让流量变留量，要想做长红的口碑店、品牌连锁店、百年老字号，就要苦练内功，在"别人看不到的地方"下苦功夫，以匠人精神深耕"人、货、场"，严格按照零售实体行业的胜者模型——控货、控店、控心智，做好本职、磨炼手艺、守住底线，这才是实体店的护城河和竞争壁垒，而不仅仅是外表上的营销和包装。

打造长红店，突破的是网红店的留量困局，解决的是网红店如何实现复购的问题。

实体店进行经营破局，实现实体店到网红店的突破，完成网红店到长红店的进化，不仅要具备网红店的流量思维，更要具备长红店、百年老年的留量思维、用户思维、口碑裂变思维。

目 录

下篇　🎙　实体店留量破局：
　　　　从网红店到长红店

第六章　网红店为何"一炮而红，一火就死"

第九章　长红店复购主要靠体验来驱动

第十章　长红店：从机制裂变到口碑裂变

上篇

实体店流量破局:
打造爆款网红店

第一章
网红店：线下实体新生事物

> 网红店，通过物联网思维和营销手段种草，实现宣传和引流的目的，吸引大量粉丝（流量）前往门店打卡、拔草，从而走红于网络和社交媒体。
>
> 网红店，意味着高曝光度、高关注度、高客流量和高收益，网红店有两大关键词——
>
> 第一是"网"，代表着互联网营销、引流手段；第二是"红"，表示善于制造热度、吸引流量，门店客流爆满。

★ 一、网红店两大要素：网＋红

互联网时代，流量决定一切，无论线上还是线下，所有生意的本质都是流量的竞争。

流量是线下实体店的命脉，从以下公式可以看出决定实体店经营业绩的几大要素：

营业收入＝进店人数 × 成交率 × 消费者平均消费金额（客单价＋连带购买）

其中，进店人数即通常所讲的"客流量"、流量。如果客流量为零，就意味着实体商家其他的一切努力——专业、服务、商品、后台管理等都等于无用功。

过去，线下实体店不愁客流，商家和顾客处于一种平衡状态，消费者要购物只能前往各种门店，有店就有客。进入移动互联网时代，线上电商模式层出不穷，彻底改变了线下商业环境，严重挤压了实体店的生存空间。

对实体店而言，最大的突变在于：移动互联网的普及改变了消费者的购物习惯和行动轨迹，改变了流量的去向。

原本只属于线下的客流被电商严重分流，线下顾客变少，实体店客流量自然就变少，线下实体店频频出现客流荒，生意陷入困局。

实体店首先要突破流量困局，网红店即是传统实体店实现流量革命的一种创新形态。

所谓网红店，指借助物联网思维和营销手段种草（网络用语，指的是被某人推荐一个好物之后，被激起购买欲望），实现宣传和引流的目的，吸引大量粉丝（流量）前往门店打卡、拔草（相对种草而言，是指接受别人推荐的好物，并下单购买的行为），从而走红于网络和社交媒体。

网红店，意味着高曝光度、高关注度、高客流量和高收益，相对于传统实体店，网红店有两大关键词——

其一是"网"，代表着互联网营销、引流手段；其二是"红"，表示善于制造热度、吸引流量，门店客流爆满。

1. 网：善用互联网营销引流手段

网红店区别于传统实体店的重要特征在于能够突破实体店的地域限制，充分实现"空间平权"（是指随着移动互联网的发展，原有城市里所谓的点位、地段优势在逐渐变得没有那么重要），能够利用互联网营销手段，吸引商圈外的流量入店，突破流量瓶颈。

基于这一逻辑，我们看到大部分网红店的塑造流程基本上都是线上引流—线下打卡消费—持续发酵—成为网红店。

网红店塑造中可供使用的网络媒体主要有短视频平台（抖音、快手）、微信公众号、微博、网站、朋友圈、论坛等。可供选择的宣传手段主要包括软文采写、产品拍照、视频录制、海报制作、宣传单页、代金券等。

一个值得重视的趋势是，相对早期网红店更多借助公众号、论坛、微博、朋友圈等社交媒体，新时期的网红店更加注重利用抖音、快手等超级流量平台对同城粉丝种草、引流。

▶【案例 1-1】

杭州有一家名为神秀科技的新媒体公司，公司十几名成员全都属于"90后""95后"的 Z 时代人群，对时尚和流行趋势比较敏锐。公司主要做抖音本地号，前期由团队成员自主去扫街、找店、探店，拍摄短视频上传至抖音号，积累本地粉丝。短短大半年时间，该团队在抖音平台打造了 6 个本地号，收获了 500余万粉丝。

有了粉丝基础，该公司开始找线下商家进行推广和引流合作，开展本地探店业务。团队每周都有一个选题会，集中讨论确定好选题，联系商家，达成合作意向后去现场试吃、拍摄，最后剪辑配音，制作成短视频发布至本地抖音账号。

有资格被列入选题会讨论的商家要具备"爆款潜质"：首先，产品和服务要经济实惠，性价比高，比如当地有一家洗浴中心，泡澡、汗蒸、自助餐再加上住太空舱，全部项目 89 元就能搞定；其次，店铺在小范围内要有较好的口碑；最后，也是最重要的一点，要满足"新、奇、特"的属性。

当地有一家经营独食小火锅的餐厅非常符合上述潜质，他们找到店家后，后者欣然同意与他们合作。

很快，一条题为《越吃越单身，独食小火锅》的短视频在抖音上发布且上了热门，成为爆款，总播放量达 500 万，点赞量接近 20 万。大量本地粉丝纷纷前往该火锅店打卡、消费，门店流量被引爆，火爆之势让同行嫉妒。

据了解，该商家付出的广告费大约为 2 万元，相当于每 250 次播放量的价格为 1 元，引流效果极佳，为门店带来了数十万元的营收，不仅获得了可观的利润，而且带红了门店，其潜在效益无法估量。

数据显示，抖音、快手等短视频平台用户中，"90后"用户占绝大多数，该群体崇尚自我、个性鲜明，勇于尝试新鲜事物，消费理念前卫，是前往各类网红店打卡的主力军。相对于其他传播方式，短视频传播节奏更快，能够实现集中化展示，很容易带火一家店。从某种意义上来说，短视频营销是实体店传播的放大器，引流、转化效果非常好。

2. 红：排队火爆，门庭若市

线上吸引的流量，最后要由门店来承接。快速的线上曝光，带来的是集中爆发的线下客源。因此，网红店的另一个突出特征就是——排队火爆。

排队，从商业现象上来看，并不是常态。但对于鲍师傅、喜茶、超级文和友等网红店来说，排队则是其引流效果的集中展现和"吸睛"的一大利器。上述网红店"门庭若市"的现象，让众多传统门店羡慕不已。

在曾经红极一时的"彻思叔叔"（蛋糕品类）、"赵小姐不等位"等网红店，都出现过顾客排队消费的火爆场面，很多人去"彻思叔叔"排队四五个小时购买他们认为好吃的蛋糕。

在 2017 年的上海人民广场，经常会有这样的推销："喜茶要吗，100 块一杯，口味任选，不用排队。"这是黄牛在推销喜茶的免排队消费业务。原本顾客要想喝上一杯火爆的喜茶，通常需要排队五六个小时，而此时只要多付些钱给黄牛，就能随到随喝。后来，喜茶官方为了打击黄牛推出了限购政策，并要求实名登记，从侧面彰显了喜茶门店排队的火爆现象。

在长沙，江湖上全都是"茶颜悦色"的传说。走在长沙街头，基本上每隔500 米就能看到一家茶颜悦色门店。尽管如此，每家"茶颜悦色"门店的生意照样火爆，消费者仍然需要排队 1～2 小时。有人甚至一天狂喝 8 杯奶茶，因为排一次队不容易。

排队打卡的消费者，往往还会对门店和产品拍照，并将其作为社交货币在各种社交媒体分享。对商家而言，这又是一波免费的流量和口碑宣传，会进一步带火门店，实现良性循环。

一切生意的本质皆流量的竞争。当前，在电商和三年新冠疫情的冲击下，很多实体店经营者陷入流量困局，举步维艰，此为传统实体店的共同痛点。网红店这一线下商业新物种却成功解决了流量问题，成为粉丝们争相打卡的地方。不少店家也有一个网红梦，希望能成为网红店，化解经营困局。

★ 二、网红店爆红的三条路径

网红店的共性体现在走红网络、门庭若市、生意火爆，但其爆红的路径各不相同。网红店在品牌发展初期，往往会靠着单一的长板策略爆红，或者是爆款单品，或者是店主 IP，或者是营销手法。

1. 网红店爆红路径之一——产品（服务）导向型

产品（服务）导向型的网红店通常由于其所提供的独到产品、服务，在网络媒介环境下，在普通消费者、网络推手、网络红人、传统媒体等的共同作用下才走红于网络，成为广为人知的网红店。在走红之前，此类店铺事实上已经在小范围内获得了良好的口碑，几乎不愁客源。

▶【案例 1-2】

2023 年，淄博烧烤火了。从 3 月中旬开始，淄博烧烤生意在短视频平台呈现裂变式传播态势。仅 3 月淄博接待外地游客达 480 万人次，同比增长 134%，其中绝大多数游客是冲着淄博烧烤来的。

进入 4 月，随着抖音短视频等新媒体的进一步传播、造势，淄博烧烤的热度进一步攀升，几乎所有淄博烧烤店都出现了人山人海的火热景象。

其中，最为出圈的网红烧烤店要数牧羊村。每天下午三四点就开始有顾客排队，且有大量网红前去打卡、直播。由于排队顾客实在太多，牧羊村老板杨本新不得不经常在店外拿着大喇叭好心提醒大家："咱们接待能力有限，后边没有菜单的朋友们就别再等了，可以去我们的分店，也可以换一家。"

淄博成了网红城市，牧羊村则是网红中的网红，但这一切都非偶然。事实上，牧羊村原本是一家有三十年历史的烧烤老店，肉串大，味道好，人气足，过硬的产品早已为其赢得了良好的口碑。

牧羊村老板是沂源人，店里用的羊肉都是每天从沂源运过来的活羊屠宰的，烧烤用的木炭是精选苹果木炭，烤出来有一股特殊的香味，店里有电炉、木炭炉、自选炉，品种多样。

中国烹饪大师李波对牧羊村的评价是：肉质很新鲜，品种也好，肉不膻，吃起来口感好，羊排也肉感饱满。

2020 年，薛之谦在淄博音乐节结束后吃了当地的烧烤，也在社交媒体盛赞牧羊村的烧烤好吃。

淄博的烧烤店很多，但能坚持三十年的为数不多。三十年来，牧羊村的店面先后搬了五六次，但顾客一直追随，靠的是其老板憨厚做人、扎实做事、吃苦耐劳，靠的是其过硬的产品。

中国台湾地区的网红书店"诚品书店"创始人吴清友说过一句话：服务的最高境界是精进自己，分享他人。

无论经营何种实体店，这样的姿态是值得提倡的：精进产品、精进服务、精进自己，以一颗匠心来打磨自己的事业，打磨自己的产品和生命。

靠硬产品、真口碑做起来的网红店，红得会更久，称得上是当之无愧的"真金网红"。有独到的产品和强大的顾客基础，即便是由于第三方因素导致门店关门，也能很快复活。

2. 网红店爆红路径之二——店主导向型

网红店的核心是流量，某些实体店的店主自带 IP、自带流量，例如明星、网红开的店，天然具备成为网红店的优势。

▶【案例 1-3】

2015 年 5 月，演员陈赫同歌手叶一茜，以及其他几位明星合伙创立了餐饮品牌贤合庄，主打火锅。

天生具备网红基因的贤合庄，非常懂得充分利用陈赫等明星的光环和流量优势，高举陈赫的旗号推广、引流，在吸引大量粉丝到店消费的同时，还引来了大量的加盟商。陈赫也屡屡以创始人身份"空降"至各地门店，以保持品牌热度，为当地门店带去一波流量和消费热潮。

在陈赫等明星股东的流量加持下，贤合庄前期发展火爆，最高峰的时候，贤合庄全国门店数量有 800 多家，称得上遍地开花。

明星开店并不是个例，除了贤合庄，还有大量明星型网红店，比如韩寒的韩高兴遇见你、孟非的小面等，明星、网红开店的方向主要有火锅店、面馆、餐厅、茶饮店、烘焙店等。自带话题和流量属性的明星、网红，凭借自身的人气和号召力，能为店铺带来极大的热度和影响力，也能直接为门店带来巨大的流量。店铺成为粉丝近距离接触偶像的一个渠道，粉丝们会心甘情愿地到店消费并期望与自己的偶像来一场不经意的偶遇。

同时，明星、网红可以在任意活动场合为自己的品牌做推广宣传，门店更容易一炮走红。明星、网红开店具有不可复制的先发优势。

3. 网红店爆红路径之三——营销导向型

街上和购物中心里各种样式的小吃店、火锅店、甜品店、咖啡馆、面包店比比皆是，那些网红店门口排起长龙般的队伍，收银收到手软，生意特别火爆，甚至还要限号。而更多的店铺则是门可罗雀，一天下来也难得有几个顾客光顾。

两类门店的产品、服务真的天差地别吗？未必。

实际上，某些生意火爆的店铺，顾客体验之后感觉不过如此，服务一般，体验一般，口味一般。那为何还有很多人前赴后继，宁愿长时间排队也要去光顾呢？答案是——营销的力量。

大部分网红店都是营销导向型，产品并无十足的过人之处，店主也不具备明星、网红的光环和人设，但其胜在善用网络营销手段为门店造势、引流。相对第一类"真金网红店"，营销型网红店可以称为"镀金网红"。如果这些门店提供的产品、服务缺乏持续吸引力和竞争力，极有可能是昙花一现。

★ 三、网红店关键词：差异化、抓痛点、有格调

网红店之所以能被人们记住，是因为它们身上的某一种特别气息激发了受众内心深处的某种欲望，而这种特别的气息，就是网红店的识别符号。

网红店如何才能释放出令粉丝欲罢不能的独特识别符号？需要满足三个关键词：差异化、抓痛点、有格调。

1. 差异化：新奇特定位

差异化竞争（competitive differentiation）是一种战略定位，即企业设置自己的产品、服务和品牌，以区别于竞争者。

在市场中，全面超越竞争对手是很难的，要做得和竞争对手不一样则相对比较容易。不一样意味着差异化，意味着竞争优势。

实体店经营要想杀出竞争惨烈的红海，发现蓝海市场，就要进行差异化竞争，定位新奇特产品或服务。

网红店的目标受众大多是年轻人，他们愿意接受新事物，追求新奇特消费。无论网红还是网红店，都是年轻人追捧下的产物。因此，网红店定位应符合目标客户群的独特需求，推出新奇特的产品与服务，呈现出年轻化状态，以年轻人喜欢的方式营销，让他们心甘情愿埋单。

例如，喜茶的原材料采用的是现泡的高档茶叶和高品质的牛奶，面包店Farine的卖点是法国原装面粉烘焙的面包，小清新茶餐厅一笼小确幸主打创新的粤菜和点心……这些网红店的特色产品满足了都市新人类对创新、健康、有格调的消费升级需求。

人们对习以为常的营销活动视而不见，而那些闻所未闻、见所未见的新、奇、特活动场景则能够引起他们的注意和围观。

如何实现新、奇、特？其实就是给顾客带来焕然一新、眼前一亮的感觉，从结果上讲，要创造差异化，这样才更容易引爆传播。

▶【案例 1-4】

2017 年，一间名为春丽吃饭公司的奇葩餐厅在北京工体西路开业，迅速以新奇特的餐饮风格颠覆了行业认知。尽管几乎不做推广，但"春丽"土酷的特色还是吸引到了一波追求时尚、潮流的人前去打卡，Adrianne Ho、左小祖咒、嘻哈歌手 VAVA、大笑等都曾是这里的常客。通过这些人的社交影响力，"春丽吃饭公司"不到数月就成为京城人气爆棚的网红店之一。

春丽吃饭公司的店名是老板和合作伙伴酒后花 10 分钟想出来的，用老板的话："我们就是觉得开心，起名越没含义越好。"就是这么随意，随性。

春丽吃饭公司只在晚上营业，门面并不起眼，稍不留意可能就会错过。甚至，门口地面还摆着一块写有"不欢迎"字样的垫子。餐厅采取港风装修却不卖粤菜，厕所写着不分男女，店内充满了五颜六色的霓虹灯，这些反逻辑的设计和定位，极大地激发了大家的猎奇心，吸引了众多网红前来打卡拍照，甚至连香奈儿、耐克都来这里取景拍片。

▶【案例 1-5】

原麦山丘是风靡北京的高品质烘焙连锁品牌，其新店开业都会举行别开生面的促销活动，开业第一天，顾客"只能（免费）吃，不能买"。免费试吃活动从开业当天早上 10 点开始，吃完为止，商家还会在门店准备好柠檬水和餐巾纸。

每当新店开业，原麦山丘的店门口便会排起长长的队。排队等候的时候，还会有店员送上暖心的卡片。

原麦山丘的很多文案都来自粉丝，比如"你开在我前男友家楼下，可我还是经常去买"。原麦山丘会把能引起其他顾客共鸣的，有传播力的话筛选出来，再进行聚焦传播，在微博和微信上得到了病毒式的传播，效果甚好。

原麦山丘的经营理念是致力于做一家值得客户去分享的企业，而不是被动等待客户分享。小小的不同带来的是与众不同的新奇体验和顾客口碑，引起了社交裂变，其传播效果自然好。

新奇特定位是对消费者从众心理和猎奇心理的满足。当发现有人推荐和打卡一家充满特色的网红店时，消费者就会产生"我也想去体验一番"的消费动机，否则会觉得自己落伍了，这是一种从众心理。

当人们在微信朋友圈、抖音、小红书等社交平台看到网红店的种草分享时，大多会充满好奇地去关注、去体验，这就是猎奇心理。

2. 抓痛点：直击粉丝内心需求

所谓痛点，是指用户在使用产品或服务过程中更挑剔的需求未被满足而形成的心理落差和不满，这种落差和不满会在用户心智模式中聚焦成一个点，成为负面情绪爆发的原点，让用户感觉到痛。

哪里有痛点，哪里就有商机。要去观察并设身处地去体会顾客的痛苦、不适、紧急、窘迫、难受，顾客的这些痛点就是商家的机会。

▶【案例 1-6】

你肯定有过这样的经历：去餐厅就餐的时候，面对厚厚的菜单，看着动辄上百道甚至更多的菜品，顿时变得头大，产生选择性障碍。

翻来覆去看好久，还是不知道吃什么！

某网红餐厅深知用餐客户的这一痛点——面对菜单时的选择困难。针对用户的这个痛点，该餐厅在菜品上做了减法，借鉴了那些顶尖的西餐厅，比如法式餐厅、意式餐厅的做法，菜单设置上追求极简。所有主菜加上甜品不过二三十道，主菜只有 12 道，每一道菜都是精挑细选、精心设置、巧妙构思的，可谓恰到好处。为了不让食客感觉腻烦，这些菜品会定期进行更新。

简洁的菜单设定大大减少了顾客的纠结时间和选择时间，使顾客得以更愉快地就餐。

对餐厅而言，简单的菜品供应好处多多。

较少的菜品意味着较少的原材料，大大提升了原料采购和管理效率。由于原材料"品种少、量大"，餐厅有了较强的议价权，能够有效降低采购成本。

较少的菜品使得后厨制作效率也会更高，更加轻车熟路，保持口感一致；同时上菜速度也会更快，减少顾客等餐的时间，优化用餐体验，提升用户满意度。

精简版菜单推出后大受顾客欢迎。

以服务最终消费者为目的的各类实体店经营者和从业者要具备痛点思维，了解顾客的痛点所在，帮他们去化解难题。顾客痛点堵点一旦被疏通，顾客和门店之间将建立一种强链接关系，消费的闸门随即打开。

3. 有格调：具备独特的气质

从某种意义上讲，网红店提供的产品和服务本身甚至不必有多么惊人，但店面的空间规划、装潢、食物的摆盘和造型，甚至店里的宠物、玩偶乃至音乐，橱窗设计、收银台布局等方面，必须有格调，具备独特的气质，要让粉丝在整个消费过程中觉得舒服、符合用户调性。同时，有格调的店铺也能满足消费者拍照、录像、在社交媒体分享的需求。

在喜茶门店，消费者看到墙上经典的自由自在生活的插画，就会产生强烈的认同感，他们向往这样的生活。

茶颜悦色，相对于其他北欧简约风的茶饮品牌，它走的是中国风路线，使用中国的传统名画来进行再设计。为了拿下宫廷画手郎世宁和其他名画的使用版权，茶颜悦色不惜耗资上百万元。很多人称茶颜悦色的风格"像故宫附体"，很国潮，它也因此成为众多茶饮品牌中最具格调、最有辨识度的一个。

北京超火的影院餐厅"三克映画"集影院、西餐厅、酒吧于一体，也是一家善于搞情调的网红店，消费者可以一边看电影一边享受美食美酒，非常适合约会。该餐厅采取美式复古的装修风格，非常有格调，也很出片。其店门口有座位区，可以在外面免费拍照。

网红店除满足消费者的基本需求之外，还是一种社交货币，大部分人选择网红店也是为了能够拍照打卡分享。为了更好充当社交货币，网红店都非常重视场景体验，具备高颜值的场景设计和有格调的店铺风格，极具辨识度。

★ 四、线上要有话题性，线下具备社交功能

如何去简单地定义和辨识一家网红店呢？

网红店需要具备两个要素：线上要有话题性，线下要具备社交功能。

1. 线上：要有话题性

网红店的共性是具备比较热的话题性，在社交传播中能够霸屏，引发热议，甚至可以在短时间内轰动全城。品牌只有在线上成为人们谈论的焦点，才能够实现向线下门店导流，实现网红店的变现闭环。

▶【案例1-7】

有这样一家餐厅：

老板花了500万元人民币从香港食神戴龙那里买了一套牛腩的配方，开始做牛腩。

餐厅的筷子都是定制的，原料是缅甸鸡翅木。顾客吃完饭可以将筷子和同样精美的牙签放入一个纸套，带回去做纪念。

老板毫无餐饮从业经验，他每天都花大量时间盯着食客针对菜品和服务的不满之处。

开业前就已经烧掉1000万元，餐厅搞了半年封测，其间邀请各路明星、达人、微博大号们免费试吃。

封测结束，餐馆开业，一炮走红，两个月时间就做到了所在商场餐厅坪效第一。

开业不久即获得VC的6000万元投资，被估值4亿元人民币。

这家餐厅就是曾经大名鼎鼎的雕爷牛腩，它的创办者叫孟醒，互联网名人，网名雕爷，是淘宝知名精油品牌阿芙精油的创始人，在淘宝上创下过60%的市场占有率。

跨界开餐厅，孟醒的做法完全不同于传统餐厅经营者，充满了互联网气息，他是第一代的网红餐厅创始人。在正式开业前，雕爷牛腩就充满了话题性，如500万元买配方、烧掉1000万元做封测、开业即获得6000万元融资等都是易于引爆公众谈资的话题。尽管该餐厅现已关闭，但其话题营销的策略值得借鉴。

话题传播具有很强的自传播性，能够满足受众的好奇心，是一种性价比非常高的传播手段。其缺点是话题热度的维系时间通常较为短暂，人们的新鲜感消退之时，也就是话题传播的终结之日。

如何结合自身的特点与优势，持续制造新的话题，保持传播热度，是每一家网红店的必修功课。话题性越强，越有利于激起消费者到店体验的欲望。其中，"经常排长队"是网红店最具代表性的话题传播焦点，比如火爆长沙的茶颜悦色，因为排队而吸引大量消费者前往体验。

话题的制造有两个切入点。

第一，反常规、打破认知的事件。此类事件容易抓住受众眼球，听者第一反应是难以置信并产生强烈的好奇心，产生关注，进店打卡。例如，太二酸菜鱼的"四人以上不接待"、春丽吃饭公司的"不欢迎"、开在普拉达旁边的豆浆油条店等。

第二，极致的体验。可以是极致的产品，也可以是极致的服务，还可以是极致的门店装潢。比如早期海底捞服务员帮上厕所的顾客用纸擦手、蹲下免费为消费者涂指甲等服务。

2. 线下：具备社交功能

"90后""00后"（"Z时代"群体）对打卡有极高的热情，为了追求仪式感，什么都会拍照记录，什么都能晒，随时分享。新中产阶层也是打卡经济的主要参与者，"打卡"是参与感和体验感的升华，也是社交的需求。

网红店具备强烈的社交功能，可满足上述受众的心理需求。像不少网红餐厅、网红服装店，就经常会吸引网红前去打卡、试装等。消费者也乐于拍照分享，实质上这是消费者从众心理和猎奇心理的满足。

网红店之所以成为网红，在于它能给顾客提供一个稀缺的社交货币。大部分人选择网红店的主要原因也是为了拍照打卡分享。顾客分享可进一步强化线上的二次传播引流。

社交货币源自社交媒体中经济学的概念，它是用来衡量用户分享品牌相关内容的倾向性问题。简单地讲，即利用人们乐于与他人分享的特质塑造自己的消费经历或思想，从而达到口碑传播的目的。

朋友圈、自媒体是每个人的社交货币交易市场，人们分享的每一件事、每一张图片、每一个感受、每一个评论，都是衡量其社交货币价值的重要参数。

实体店如何为消费者提供社交货币？核心是提供超出顾客预期和认知的消费体验（场景体验、产品体验、服务体验），让顾客产生强烈的记忆点，愿意拍照分享。

▶【案例 1-8】

某日料店的爆款菜品是芥末三文鱼，菜品本身没有独特之处，但这款菜的摆盘极具匠心：菜盘上配了一座小假山，山上铺着三文鱼片，顶着一只小碗，周边放满了五颜六色的蔬菜和酱料。由于碗里放了干冰，只见雾气顺着小山而下，云雾蒸腾，如同仙境一般，给人无与伦比的视觉体验效果。

每当这道菜被呈上，几乎所有食客都会拿起手机拍照片或短视频，上传至朋友圈和抖音账号，迅速在网络上引爆了话题，上了热搜，成了网红菜。

芥末三文鱼的上菜场景是一个强烈的记忆点和传播引爆点，它是日料店社交功能的核心载体。

如何衡量网红店的社交功能呢？可从美国营销咨询公司 Vivaldi Partners 为社交货币划分的六个维度进行评估。

第一，归属感（Affiliation）：多少比例的用户有归属感？

第二，交流讨论（Conversation）：消费者中发起品牌相关热烈讨论的人数占比多少？

第三，实用价值（Utility）：有多少人在和其他消费者的互动中获得了实用价值？

第四，拥护性（Advocacy）：有多少拥护品牌的死忠粉？

第五，信息知识（Information）：有多少人感觉他们能与其他消费者进行有效交流？

第六，身份识别（Identity）：有多少用户能识别出其他用户？

★ 五、高坪效、高翻台率与高毛利率

产品好或营销推广做得好，不是一个网红店能够持续火爆的充分条件，门庭若市也并不意味着网红店的成功。

一个网红店的持续火爆或一个线下门店持续创造利润，是一项复杂的系统工作，且有多项衡量指标。我们根据多个门店的营销操盘经验，深入分析，总结出网红店能够称得上初步成功的几个量化指标。

1. 高坪效

坪效，是用来评估门店单位面积产出效益的指标，早期被中国台湾广泛应用于计算商场经营效益，近年逐渐受到国内零售商的重视，是目前我国通用的衡量线下卖场经营效益的一个关键指标。

通俗来讲，坪效就是每平方米营业面积产出多少营业额，其计算公式为：

坪效 ＝ 营业额 ÷ 门店面积

日坪效 ＝ 当日营业额 ÷ 门店面积

月坪效 ＝ 当月营业额 ÷ 门店面积

年坪效 ＝ 当年营业额 ÷ 门店面积

实体店为什么要注重坪效？因为它是衡量门店经营能力的重要指标。举例来说，两家位置相同、面积相等（200平方米）的便利店：第一家月营业额为80万元，第二家月营业额为60万元；第一家便利店的月坪效就是4000元/平方米，第二家便利店的月坪效则是3000元/平方米，通过坪效可以很直观地比较出每平方米经营面积所创造的效益高低。

坪效的作用就在它能通过面积产出比分析出每个门店在经营效益上的差距，通过坪效数据的横向、纵向对比来反思门店经营的现状和问题。

网红店流量充沛，坪效一般也较同行更高。

▶【案例1-9】

小米之家非常重视门店的坪效，小米创始人雷军也曾多次在公开场合提到"坪效"一词。

小米之家的线下卖场出于产品展示和顾客体验的需要，面积大都在200平方米左右。在提升营业额方面，小米之家推出的经营策略主要有：

第一，选址定位于核心商圈（自然流量）。

第二，加快上新频率（新品引流），用高频商品带动低频商品。

第三，每个品类优化SKU数（库存量单位，引申为产品统一编号），打造强劲爆品，降低顾客选择成本，提高成交率。

第四，根据消费者购物数据分析出适合该门店销售的产品，放权店长自主选品，优化门店商品结构，打造全店爆品战略。

第五，提高客单价。小米系列产品包含电脑、电视、电饭煲、充电宝等，丰富了家居生活品类，打造集电子通信设备和电子家居设备为一体的电子电器家居生活体验馆，有效提升了连带消费率和客单价。

经过努力，小米之家的经营指标在业内居于领先地位，在通信行业，小米门店的年坪效是27万元/平方米，仅次于苹果的40万元/平方米。

透过小米之家的策略，实体店可从以下四个方面着手提高坪效。

第一，调整单品上新速率，及时更换滞销产品，定期上新能有效调动消费者的购买欲望。

第二，优化品类结构，以高频带低频，丰富商品品类，提升客单价。

第三，优化门店布局陈列，将对的商品摆在对的位置，合理利用门店热力区，降低门店死角对营业额带来的不利影响。

第四，合理设计门店动线，通过观察顾客进店的行走路线来对布局做更科学合理的调整，提高商品的曝光度。

2. 高翻台率

网红店的一个最大门类是餐饮、小吃，衡量餐饮行业经营效率的关键指标是翻台率。翻台率表示餐桌的重复使用率，即一张餐桌更新顾客的速度。

翻台率不等于开台率，开台率是指餐桌的使用率，而翻台率强调的是重复使用的频率。翻台率、开台率的高低，都能表现餐馆营业率的高低，也是影响餐厅盈利与否的关键因素，但翻台率的影响更为直接。

无论是小吃店，还是中大型餐厅，翻台率都是一个重要的考核指标。特别是对流量型网红餐厅，就餐高峰期翻台的快慢直接决定餐厅能够接待的客流量。翻台慢，顾客排队时间长，流失率高。翻台快，意味着能在有限的面积和有限的营业时间内，让座位的流动率提高，营收也同步提升。

餐饮行业的翻台数通常在 4 ～ 7 次，网红餐厅的翻台率更高。

▶【案例 1-10】

肥韬茶餐厅是深圳最火的港式茶餐厅。其创始人隋冕是"90 后"美女设计师、时尚买手，她和肥韬母公司董事长刘相韬共同创立了肥韬品牌。

隋冕观察发现，市面上的茶餐厅要么是单纯的打卡式网红餐厅，菜品乏善可陈，要么客单价过高，脱离了茶餐厅的本质。她想打造一个好吃、便宜、接地气的茶餐厅。

肥稻茶餐厅的筹建都是依据这个原则展开的。凭借其接地气的定位和强大的产品力，肥稻茶餐厅连续两年霸占深圳茶餐厅热门榜。开在深圳华强北的门店曾创下 3600 人的排队纪录，也创造了 25.5 次的超高翻台数，成为无数人前往深圳打卡的热门网红景点之一。

翻台率是有极限的，并非越高越好，前提是要确保服务质量和菜品质量，同时还要考虑厨师和服务人员的精力、体力与服务状态。如果翻台率超出极限，将导致服务质量下降，影响顾客体验。

翻台率是网红餐厅的重要指标，但不可一味追求高翻台率，还要考虑门店的接待能力。作为中和措施，可从提高客单价上入手增加营业额。

3. 高毛利率

网红店以快消品居多，经营产品有茶饮、餐饮小吃、甜品，刚需且消费频次高，天然的复购率会比其他产品高，毛利率也较高。

以奶茶为例，普通奶茶的成本多在 2 元以下，售价以 5 元计，扣除房租、人工等固定成本，还有可观的利润。而网红奶茶售价多在 10 元以上，宣传营销费用尽管比普通奶茶店多出很多，但其高客流量和高销售额可以确保高毛利率。奈雪的茶居于网红茶饮品牌第一梯队（客单价≥30 元，见图 1-1）。根据奈雪的茶招股书，其奶茶材料成本占 38%，其中包装费占 1/4。以一杯 30 元的奶茶为例，牛乳、茶叶、水果等原料成本为 8.6 元，杯子成本 2.8 元。不考虑人工费和店面费，毛利润高达 18.6 元。

面对大众顾客群体、走薄利多销路线的蜜雪冰城，卖得最好的爆款产品是 4 元一杯的柠檬水，其核心原料之一的柠檬仅需 0.6 元一斤，其中的利润空间之大可以想象。

有关数据显示，就总体毛利率来看，2021 年，奈雪的茶和蜜雪冰城分别为 67.40%、31.73%。

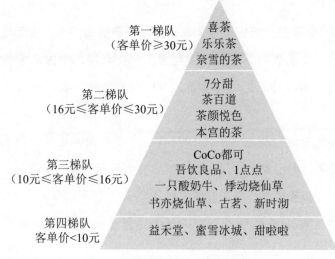

第一梯队
（客单价≥30元）
喜茶
乐乐茶
奈雪的茶

第二梯队
（16元≤客单价≤30元）
7分甜
茶百道
茶颜悦色
本宫的茶

第三梯队
（10元≤客单价≤16元）
CoCo都可
吾饮良品、1点点
一只酸奶牛、悸动烧仙草
书亦烧仙草、古茗、新时沏

第四梯队
客单价<10元
益禾堂、蜜雪冰城、甜啦啦

图 1-1　网红奶茶品牌四级梯队

较高的毛利率水平，甚至暴利，是茶饮等快消品赛道吸引众多创业者的一个关键因素。

★ 六、网红店进化路径：1.0、2.0、3.0

随着互联网、移动互联网的兴起，网红店也在不断进化，经历不同的发展阶段，每个阶段都有其独特的时代印记和运营逻辑。

1. 网红店 1.0：第一代网红店

第一代网红店的代表品牌海底捞、外婆家等，通过为顾客提供极致的消费体验（极致的产品、服务与场景），从众多竞争对手中脱颖而出。例如，名创优品创始人叶国富提出的"四好理论"（产品好、价格好、环境好、服务好）讲的就是这种极致体验。

第一代网红店多是由"线下火到线上"的，促使其走红的传播媒介和推手是传统媒体，发展壮大的资金来源则是自有经营资金（前期）和社会融资（后期）。

▶【案例 1-11】

2009 年，《哈佛商业评论》中文版刊登了一篇题为"海底捞管理智慧"的文章，成为国内 8 年来影响最大的企业案例，一夜之间，中国几乎所有的商学院都开始讲授海底捞。海底捞的经营模式有何独到之处，以至于引起如此大的关注呢？

张勇是海底捞的创始人。早在 1994 年，还是四川拖拉机厂的电焊工的张勇在父母的帮助下，利用业余时间在老家简阳县城做起了餐饮业。说是做餐饮，其实很简单，就是卖麻辣烫，开张时仅有四张桌子。

黄铁鹰在《海底捞你学不会》一书中透露了张勇卖麻辣烫时的一个经营细节：

"半年下来，一毛钱一串的麻辣烫让张勇赚了第一桶金——1 万元。一个年轻人捡 1 万元，或者父母给 1 万元，同卖 20 万串麻辣烫挣 1 万元，意义是不同的。前一个 1 万元是洪水，会一下把小苗冲走；后一个 1 万元是春雨，春雨润物细无声。卖了 20 万串麻辣烫的张勇悟出两个字——服务。"

后来张勇打造的海底捞正是以近乎"变态"的服务而名声远扬的。比如，在海底捞排队等餐的时候，顾客可以享用免费的饮料、水果、点心，甚至还可以享受免费擦皮鞋、美甲等服务。在餐桌就座后，服务员会给顾客拿来手机套，以防弄脏手机。菜可以点半份，饮料可以免费无限续杯，就连上洗手间都会有专人服务，递洗手液、纸巾……

海底捞总裁张勇对顾客服务有深刻的见解，他说："我不会熬汤，不会炒料，连毛肚是什么都不知道。店址选得也不好，想要生存只有态度好！客人要什么，快一点；客人有什么不满意，多赔点笑脸。刚开的时候，不知道窍门，经常做错。为了让人家满意，送的比卖的还多。结果客人虽说我的东西不好吃，却又愿意来。"

从大量的服务实战中，张勇还悟出了一条规律：

如果客人觉得吃得开心，就会夸你的味道好；如果觉得你冷淡，就会说难吃。服务会影响顾客的味觉。

以海底捞为代表的第一代网红店，以其独特的经营和服务理念获得了传统媒体（《哈佛商业评论》）及媒介（图书《海底捞你学不会》）的关注报道与宣传，获得了有别于传统门店的高关注度、高影响力及高附加值，在早期的互联网口碑传播浪潮下，成为时代的网红。

2. 网红店2.0：第二代网红店

第二代网红店以黄太吉、雕爷牛腩、原麦山丘为代表，是互联网思维下的蛋，从线上火到线下，通过互联网传播方式（图文模式）和社会融资来发展壮大。

互联网时代，实体店经营的方法彻底改变，固守传统思维注定会四处碰壁。该时期的舞台属于既能深刻理解传统商业的本质，同时又具备互联网思维的人。

所谓商业的互联网化，表现在三个方面：

第一，商家将重新构建跟消费者之间的关系。

第二，商家利用互联网工具改造内部经营流程。

第三，利用传统互联网营销手段宣传、引流、获客。

▶【案例1-12】

黄太吉是一家经营煎饼果子、油条、豆腐脑等北京传统美食的特色餐饮小吃店，于2012年4月开业。其创始人赫畅曾任职百度、去哪儿、谷歌等知名互联网企业，依靠自身的互联网从业背景和互联网思维，致力于用新思维、新模式，打造新式中国快餐，将普通的煎饼果子做出了国际范儿。

黄太吉运营之初便开通了新浪微博，确立了社会化营销思路。黄太吉老板开奔驰送煎饼、美女老板送餐、煎饼相对论等一个个话题迅速成为微博上"吃货们"口口相传的热点。

"很多顾客都是看到微博上的分享慕名而来的。"在赫畅看来，"没有微博，我们这样的店是开不起来的。善于利用微博，将是每一个要做店、做餐饮的中小商户老板必须掌握的东西。你不懂微博或者不会利用它，坦白说，可能你做事做了100%，成功的可能性却只有30%。"

除了微博，黄太吉还借助包括大众点评、微信、QQ、陌陌等在内的社会化自媒体平台，推广、推送信息和提供订餐服务。

2014年，业界流传"黄太吉"被估值12个亿，"黄太吉"用互联网思维做煎饼果子竟然能做到十几亿，引起业界的热烈讨论。

以互联网思维打造的网红店，不再单纯地卖煎饼果子、卖牛腩，它们和传统的小饭店有着本质区别，它们是在用互联网思维经营，有浓郁的互联网基因。比如，黄太吉创始人郝畅本身借自己的身份制造了噱头，运用互联网思维来运作宣传。郝畅还总结出了互联网思维的四个关键词：文艺复兴、小时代、社群、势。

互联网思维在网红店打造方面的效应体现在：

第一，依托互联网做传播，找到目标客群，让目标客群加深了解，进而参与、互动。

第二，以用户需求为导向进行产品开发、服务设计，根据目标客群做精准型"窄众产品"。

第三，微小改进、快速迭代，以互联网手段收集反馈，迅速改进产品、服务，进行再传播。随着功能、服务、产品线的完善与扩充，逐步扩大目标人群。

3. 网红店3.0：第三代网红店

第三代网红店诞生于移动互联网时代，其传播、引流媒介以移动端流媒体为主，代表品牌有喜茶、瑞幸咖啡、超级文和友等。它们擅长利用移动互联网营销组合拳，尤其是短视频营销，能将沉浸式门店消费环境快速传播至目标受众，以大规模社会融资快速开店、快速复制、快速裂变，场景塑造、IP打造和资本优势是第三代网红店最重要的竞争壁垒。

▶【案例 1-13】

　　超级文和友长沙海信广场店规模巨大，在总计 7 层楼、2 万平方米的巨大空间内，还原了长沙老城区的特色。360 度的环境氛围打造，让客人能够"穿越"回 20 世纪 80 年代的长沙，沉浸式唤醒时代记忆。在这个巨大的空间内，消费者拿起相机对准任何一个角落，似乎都能捕捉到时代的印迹。

　　在移动互联网和短视频流媒体时代，超级文和友抓住了媒介与场景升级的红利，其沉浸式的环境设计能力得到了极大的凸显。即便是没有受过专业训练的素人，也能够拍摄出令人眼前一亮的短视频作品，其门店成为消费者最佳的打卡场地和社交货币，通过他们的社交分享，文和友实现了快速的口碑裂变。

　　不仅仅是在抖音、快手等短视频平台，在小红书、微博等积极转型短视频流的图文媒体平台中，超级文和友也一直保持较高的热度。小红书显示，超级文和友话题下已经有数万篇笔记。

　　这种独特的营销组合拳，也暗合了短视频流媒体时代的传播趋势，让超级文和友成为长沙的一个热门网红打卡地和文化 IP。

　　在从互联网转向移动互联网的时代，网红店也在不断进化，其中有一个值得关注的现象，即第一代网红店中的海底捞、外婆家等至今仍然生存得很好，而第二代网红店中的某些品牌却已经销声匿迹，甚至第三代网红店中的部分品牌也已经初显颓势。

　　如何顺应时代并延长网红店的生命周期是一个重要的课题，网红店不仅要做时代的引领者，还要不断进化、不断迭代，修炼内功，实现从网红店到长红店的突破。

第二章
爆款网红店：营销组合拳最有效

> 90%以上的实体店都成不了网红店，因为它们在营销和运营上缺乏专业度和系统规划。
>
> 一家网红店的诞生，少数是机缘巧合，更多是店主主动为之，是在网络媒介环境下，各种营销组合拳共同发力，网络红人、网络推手、新媒体以及受众心理需求等利益共同体综合作用下的结果，是营销"下的蛋"。

★ 一、定位：抢占客户心智

"我的定位就是网红店"这种说法是大错特错的，而"我是一家卖图书的书店""我是一家卖国产体育用品的商店"这些定位虽然沾边，但依然不准确。真正的定位，是店铺在用户记忆中是谁，而不是我们自认为自己是谁。

定位的目的是抢占客户心智，根据《切割营销》的理论，定位还要"站在竞争的角度，对复杂的市场进行切割，找到一个让消费者接受我们的区域，快速认同我们，规避与强大竞争对手的竞争，同时将竞争对手逼向一侧。"

1.经营模式定位

经营模式，即商业模式。何为商业模式？

1997年10月，硅谷最著名的风险投资顾问罗伯森·斯蒂文在同中国著名的高科技企业亚信CEO田溯宁沟通时，曾向后者发问："亚信的商业模式是什么？"

田溯宁反问罗伯森："什么是商业模式？"

罗伯森很奇怪田溯宁作为CEO竟然不知道什么是商业模式。于是他向田溯宁解释说："一块钱通过你的公司绕了一圈，变成一块一，商业模式就是指这一毛钱是在什么地方增加的。"

商业模式即经营模式、盈利模式，简单来说就是靠什么来赚钱。网红店的经营模式主要有三种。

第一，单店模式。即单打独斗模式，只做一家店，无论生意多么火爆都不开分店，不开放加盟。比如阿大葱油饼、小笼羊羹等。

第二，直营模式。发展壮大的方式是不断开直营店，但不开放加盟。直营模式有利于总部掌控，确保产品和服务的质量。比如海底捞、喜茶等。

第三，加盟模式。门店扩张的方式是吸引加盟商加盟，总部靠加盟费、原材料供应以及营销服务支持来赚钱。加盟模式的优势在于能够快速扩张、快速开店。比如蜜雪冰城、正新鸡排等。

2. 心智定位

网红店营销不是产品之战，也不是服务之战，而是认知之战。认知就是现实常理，心智就是认知优势。心智定位是一种心智认知：在预期顾客心智中实现产品、服务差异化，让品牌在潜在顾客的心智中与众不同。要在用户心智中留下难以磨灭的信息，就需要一个未被其他品牌占领的心智。

用户心智有两种：一种是有消费需求时，直接联想到某个品牌；另一种是没有消费需求时，也能经常联想到某个品牌，并形成记忆和好感。比如，消费者一想到喝咖啡，就会联想到星巴克，一想到吃火锅，就会联想到海底捞。

心智定位必须沉淀下来，它是稳定而长期的，是消费者在生活的某个片段与品牌的强关联。例如星巴克的心智定位就是"白领上班前、午休后要买的咖啡"；某网红书店在目标顾客中的心智定位是"适合拍大片的书店"；言几又的心智定位是"一家集书店、咖啡厅、酒吧、艺术画廊等为一体的城市创新生活店"；名创优品的心智定位是"好看、好玩、好用的兴趣消费"。

切忌将品牌在消费者心智中定位为网红店，那等于给自己判了死缓。

3. 价格定位

实体店商品、服务的价格定位模式主要有四种（见图2-1）。

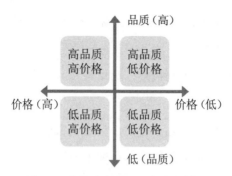

图 2-1　实体店商品、服务定位模式

第一，低品质、高价格。属欺骗性定位，多是一锤子买卖，很难有回头客。随着信息的日渐透明和消费者越来越理性，这种生意模式的生存空间会越来越小。

第二，低品质，低价格。这种定位模式针对的是低收入人群，拥有庞大的用户基数。但随着用户要求不断提高，唯有不断提升产品品质和服务质量，才能赢得更多的生存空间。

第三，高品质，低价格。商家凭借高品质、低价格的"爆款"产品、服务迅速撬开市场，获取一大批粉丝型消费者，在竞争惨烈的红海市场中杀出一片蓝海。比如，好市多和名创优品。

▶【案例 2-1】

美国网红超市好市多采取的是收费式会员制，消费者成为它的会员后，能以非常低廉的价格购物，前提是要在好市多进行"多频次、大额度"的购物，否则就很不划算。

在采购上，好市多采取集中式大量采购方式，品类不多但数量巨大，以此获取谈判优势，提高议价权。虽然顾客在好市多没有更多选择，但实际上好市多已经帮助顾客找到了最合适、最便宜、使用频率最高的产品。

雷军曾去好市多体验购物，他是这样描述排队经历的："我在金山当高管时去美国出差，一下飞机张宏江博士就租了辆车直奔 Costco。完了回来吹了半天，经他一煽乎，除了我，9 个高管都去了。结果晚上回来大家说东西太好了，我就问怎么个好，大家一致表示：便宜，所有的东西都比国内便宜，价格只有平常的十分之一，一堆东西在北京得人民币 9000 多块，在 Costco 只要 900 块钱。"

好市多以极低的毛利保持着坚挺的会员忠诚度，它以销售贴近成本的低价产品著称。在好市多，有两条不能触碰的经营红线，第一，所有商品毛利率不得超过 14%，一旦高出这个数字，需要上报 CEO，并请董事会批准；第二，外部的供应商，如果给竞争对手的销售价格低于好市多，它的商品将永远不会再出现在好市多超市的货架上。

这两条"经营红线"严格执行下来，结果就是：好市多的商品平均毛利只有 7%，而另一家号称"天天低价"的超市沃尔玛，毛利率在 22%～23% 之间。

低毛利的好市多为顾客提供了高质低价的产品，塑造了高质低价的顾客心智。

第四，高品质，高价格。高品质、高价格模式针对的是拥有高消费能力的高端人群，也不乏部分网红店以高价作为营销噱头来吸引关注。

▶【案例 2-2】

2014 年，上海一家名为桃园眷村的高端早餐店横空而出，它是第一家开到 LV 旁边的早餐店。在定位上采取的是高端战略，进驻一线商圈、高端商场，铺位通常在商场一层（奢侈品牌隔壁），店面设计高大上，门店面积 400 平方米左右。尽管是早餐店，桃园眷村却全时段运营，大部分门店从早上 7 点营业到晚上 10 点甚至 12 点。

同 LV 做邻居，产品价格自然不会低。在桃园眷村，一碗豆浆售价 12 元，一根油条 8 元，烧饼价格在 20～30 元之间，人均消费 35 元。高价格对应的是高品质。桃园眷村和其他胡同豆浆油条店不一样的是，它对原材料品质要求很高，大豆、面粉、糯米、豆油和猪肉都要选最好的品牌。

高端定位的桃园眷村一开业，即成了知名度飙升的网红店，一度被视为传统国民小吃升级的代表品牌。

网红店常见的价格定位模式为"高品质，低价格"和"高品质，高价格"。
实体店定位要避免闭门造车，科学的市场定位包括四个步骤。

第一步，分析外部市场环境，确定"我们的竞争对手是谁，竞争对手的价值、优势、劣势是什么"。

第二步，避开竞争对手在顾客心智中的强势地位，或是利用其强势中蕴含的弱点，确立品牌的优势位置。

第三步，为定位寻找一个可靠的证明——信任状。比如香飘飘奶茶宣称"一年卖出 3 亿多杯，杯子围起来可绕地球 3 圈，连续 7 年全国销量领先"，用来塑造行业领导者的形象，就是典型的信任状。

第四步，将品牌定位整合进内部运营的方方面面，特别是传播上要投入足够的资源，将该定位植入顾客的心智。

★ 二、营销三部曲：卖点提炼、线上曝光、持续发酵

网红店的诞生不是自发的，而是网络媒介环境下，网络红人、网络推手、新媒体以及受众心理需求等利益共同体综合作用下的结果，是营销的结果。

90% 以上的实体店之所以成不了网红店，在于其营销和运营缺乏专业度和系统规划，反观那些网红店，背后往往有强大且持续的运营团队在进行系统的营销输出支持。

1. 卖点提炼

实体店进行流量突破的基础是产品和服务，这是一个必要条件，普通实体店的产品和服务未必不如网红店，甚至某些实体店的产品和服务还要优于部分网红店，前者欠缺的是一个线上爆红的契机。

网红店的线上传播表面看是爆款视频、爆款图文起了引流的作用，其实它们之所以能够成功为门店引流，说明已经捕捉到核心卖点，触动了消费者。

所谓"卖点"，简单来说，就是让消费者能够接受的消费理由，最佳卖点是最有力的销售理由。卖点是产品所具有的前所未有、别出心裁或与众不同的特点、特色。这些特点、特色一方面是产品与生俱来的，另一方面是通过运营方的策划力、想象力、创造力提炼出来的。不论卖点从何而来，最终目的都是让自己

的产品与竞争对手的产品区别开来，对产品的销售产生拉动效应。

有效的卖点是实体店营销的最佳传播点，可以帮助实体店更好地将自己传播出去，比如海底捞的传播点（卖点）是服务，喜茶的传播点（卖点）是优质配方和茶底打造的现泡茶。

▶【案例 2-3】

经过调研，某餐饮创业团队发现了食客吃小龙虾时的一个普遍痛点——不够干净、不够卫生。

于是他们就想做一种全新的麻辣小龙虾。他们特意去洞庭湖小龙虾产地筛选，找到了一种最干净的小龙虾（其腮部都是白色的），推出了以干净卫生为卖点的麻辣小龙虾产品。然而，他们却发现，顾客并不是很在意这一点，想象中的差异化竞争优势没能体现出来。

就麻辣小龙虾来说，干净卫生其实称不上是食客的核心需求，吃到一些不太干净的小龙虾并不是顾客的核心痛点，消费者真正的需求是小龙虾那种又麻又辣的重口味，这才是核心卖点。

卖点提炼应结合竞争对手的产品定位。以小龙虾餐厅为例，通常可作为卖点的传播词主要有正宗、超麻超辣、超大龙虾、量大价廉、服务好等。将那些能够突出产品卖点的关键词罗列出来，再将那些与竞品重复的关键词去除掉，剩下的就是本店的差异化卖点。

产品或服务的卖点要满足五个标准（见图 2-2）。

图 2-2 卖点的五个标准

第一，确有其实。即产品或服务卖点必须要建立在事实基础之上，不可夸大吹嘘。其中尺度要拿捏好，"太实在"的卖点可能不利于销售，"太不实在"的卖点又容易产生欺骗之嫌。

第二，确有其理。当向客户强调产品或服务卖点时，他们一定会在心里打一个大大的问号——你凭什么这样讲？这就要求卖点背后有一套具有说服力的支撑体系，这套体系要做到可信、易懂、易表述。

第三，确有其市。卖点对应的应当是大众市场。太过狭窄的小众市场会降低成交量和成交空间。卖点的针对人群要尽可能广泛，那些主打小众化的产品和服务另当别论。

第四，确有其需。卖方所强调的卖点反映到目标客户身上，要能够转化为实实在在的需求，可能是实际市场需求，也可能是潜在需求。

第五，确有其特。卖点在一定程度上就是产品和服务的差异化竞争力和竞争优势所在，要有别于竞品的个性和特点，做到与众不同。

2. 线上曝光

卖点提炼出来之后，要借助线上引流工具传播出去，以打动线上用户，实现对线下门店导流。

市场上的奶茶大多是粉末茶和奶精茶，是用廉价的奶茶专用碎茶制作而成的。喜茶没有选择这类廉价低质的品类，而将产品卖点定位为"用优质茶底和配方打造的现泡茶"，研发出第一杯芝士现泡茶，实现了品类创新。

在营销与曝光上，喜茶也不遗余力，借助一系列营销组合拳，在线上大范围投放软文广告，毫无保留地选择拥抱新媒体，尽最大可能让喜茶的名字出现在用户的朋友圈和微博里。以上海为例，在门店尚未开业之际，喜茶就已经把上海很多微信大号、知名媒体砸了一遍。开业前三天开展"买一赠一"促销活动，然后借助7小时排队效应和消费者自发的晒图分享进行二次传播，扩大影响力。

主打芝士奶盖并迅速推出芝芝莓莓、芝芝芒芒等系列产品的喜茶，在最短时间内引爆市场，形成爆品矩阵。

线下实体店常用的线上曝光工具包括：

第一，微信朋友圈和公众号。微信朋友圈、公众号引流效果非常好，容易把控，尤其是定位本地垂直领域的公众号，用户群体精准且固定，比如餐饮类门店，可以将引流广告投放到吃喝玩乐类本地公众号，吸引精准用户。

第二，抖音。抖音是重要的流量平台，是品牌进行线上曝光的最佳载体。实体店可以打造品牌账号进行内容曝光，优势是费用低（几乎免费），但传播效果取决于短视频策划和制作效果，不可控因素较多。也可以同抖音达人、网红合作宣传，借对方的粉丝群体和流量优势进行线上曝光与引流。

第三，微博。微博平台侧重品牌宣传，作为微信公众号和抖音传播的辅助工具。

第四，小红书。为生活分享社交平台，用户可以通过短视频、图文的形式记录生活，分享生活方式，基于兴趣形成互动，当前内容已覆盖美妆、母婴、读书、运动、旅游、家居、美食、酒店等领域，很受年轻人欢迎。

从属性上看，小红书以用户分享消费体验为主，具有强烈的"种草"基因，平台上也因此聚集了大批以种草内容发布为主的博主。在小红书上，可结合门店优势与卖点"种草"，引导目标客户去线下门店"拔草"。

3. 持续发酵

大部分网红店之所以寿命很短，主要原因在于对线上流量依赖度过高。一旦停止线上广告投放，线下流量就会戛然而止。

线上曝光贵在坚持，它是一个持续发酵的过程，建立在营销策略和运营体系之上，需要稳定的内容产出和投放，要不断策划新创意，不断推出新产品和新玩法，才能吸引用户持续关注，直至达到量变到质变的临界点，实现后期定型，即网红店的品牌已经牢牢占据了顾客的心智。

持续投放意味着持续投入。如何找到一条低成本、高效率、量入为出的线上传播之路，是每一家实体店应当深入思考的。

正如喜茶创始人聂云宸所言："产品为起点，品牌为终点，中间是内容，底下支撑这一切的是运营体系。"

网红店始于产品敏锐洞察与需求爆发的瞬时引爆，但要想做到"长红"就需要体系性的精进、创新、营销、投入与探索尝试。

★ 三、找准引爆点，低成本营销

"未来每个人都有 15 分钟的成名机会。"波普艺术大师安迪·霍沃尔的这句名言经常被商家挂在嘴上，这是一个随时随地都会出现奇迹的时代。

网红店的打造，既有运气成分，也有小概率会出现奇迹，但更离不开计划、创意和执行，同时还要有充足的预算。

如何在预算有限的情况下进行低成本营销？关键在于找准传播的引爆点，四两拨千斤，撬开互联网流量池的闸门。

美国著名广告人、奥美创始人大卫·奥格威有一句经典名言："如果你的标题没有吸引受众的目光，相当于浪费了 80% 的广告费。对内容而言，则浪费了 80% 的精力和时间。"

移动互联网分众营销时代，如果商家策划的营销活动无法在第一时间抓住用户眼球，那基本上可以判定为失败。

在流量为王、注意力稀缺的时代，商家用什么方式来抓眼球，才能让营销活动的效应得到最大化发酵呢？

1. 找准引爆点

实体店的引爆点可以是店铺的装修、店铺的特色产品，也可以是价格和服务，甚至是品牌故事，总之只要是具有竞争力的，带有差异性的要素，都可以作为宣传的引爆点。

▶【案例 2-4】

2018 年 1 月，西安永兴坊美食街一家店铺策划了一场"摔碗酒"活动，在抖音上引爆了流量和传播，在被广泛分发推荐的抖音视频中，伴随中国风的背景音乐，"好汉"端起一碗黄酒，一饮而尽，随后将碗摔碎。一个短短的抖音视频引爆了大众的热情，游客纷纷涌向这家可以摔碗的店铺，想体验一把当好汉的感觉。

新奇的摔碗活动形式首先吸引了路过客流，现场照片、视频被再次广为转发，形成二次、三次传播热潮，迅速引爆全网，给商家带来了大量关注和客流，一时间成为名闻全国的网红店。高峰时期，售价每碗5元的酒每天都能卖出数千碗，店内生意也被带火。

抖音短视频不仅带火了"摔碗酒"商家，附近小吃一条街都火爆起来，成了西安著名的网红打卡景点之一。

"摔碗酒"这一爆点在抖音上被完美引爆。当前，抖音和快手的用户数量和日活跃都要强于其他短视频平台，容易产生爆款，激发引爆效应。线下门店想要做推广，这两个平台一定不能放过。

基于短视频平台的算法和推荐机制，商家发布的短视频会最优先推荐给通讯录好友和同城的人群，同城的精准流量和基于信任原则而推荐的视频会让商家的推广、引流效果大大增强。

如果不会拍摄原创短视频，可以试着跟拍短平台上一些比较火的热门话题，提高账号或门店的曝光量。

不过，爆款毕竟可遇不可求，类似"摔碗酒"那种现象级爆款更是可望而不可即。实体店进行线上传播，既要有引爆点思维，同时还要有足够的耐心。营销是一项系统工程，是一个长期的过程。切忌抱着一夜爆红的心态去做营销，幻想通过一篇文章、一条视频、一场活动就引爆流量，打响品牌。而如果"一夜"未红，又会觉得此路不通，大为沮丧，这就陷入了另一个极端，也是不可取的。

2. 找准借势对象

奶茶领域的网红品牌最为常见，也最容易出现跟风者，其中跟风跟得最让人忍俊不禁的当属"丧茶"。

喜茶在上海爆红之后，有商家反其道而行之，瞄准都市青年的"小确丧"，推出了"丧茶"以吸引前来猎奇的年轻人。丧茶在某种程度上的成功，是借势和反向营销的成功。

▶【案例 2-5】

2017 年 2 月，喜茶入驻上海来福士，引发了空前的排队风潮，想喝到一杯茶需要花费 3 小时甚至更久。

针对这种夸张的排队现象，微博 ID 为"@养乐多男孩洸洸"的用户发布了这样一条微博："想在喜茶对面开一家丧茶，主打：一事无成奶茶，碌碌无为红茶，依旧单身绿茶，想死没勇气玛奇朵，没钱整容奶昔，瘦不下去果茶，前男友越活越好，奶茶加班到死也没钱咖啡、公司都是比你年轻女大学生果汁，叫号看缘分，口味分微苦中苦和大苦，店里放满了太宰治的《人间失格》，杯子上的标语是'喝完请勿在店里自杀'。"

这条微博原本就是段子手的一个恶搞，谁料真有人抓住了这个爆点和商机。一个月后，丧茶从段子里走了出来。2017 年 4 月 28 日，丧茶在上海以快闪店形式亮相，不过仅在 4 月 28 日至 5 月 1 日营业。

据了解，这次开店并不是行业人士所为，而是由饿了么和网易新闻共同策划的一次活动，是一场对茶饮热度的跨行业收割。

后来，丧茶也真的被开成了奶茶店，以丧文化来博眼球。丧茶以负能量为主，无论产品名称还是店铺风格都是如此，目前已经销声匿迹。

但不得不说，丧茶很好地打了流行趋势的牌，成功借势喜茶，低成本引爆了传播。

★ 四、网红店：营销组合拳的力量

一家网红店的诞生，有些是机缘巧合，更多的是店主主动为之，是各种营销组合拳共同发力的结果。

网红店常用的营销模式有以下几种。

1.饥饿营销

饥饿营销，即商家采取大量广告促销宣传，激起顾客购买欲，然后采取饥饿营销手段，让用户在消费过程中苦苦等待，进一步增强其购买欲，以利于其产品提价销售或为未来大量销售奠定客户基础。

越是很容易得到的东西，人们往往越不会珍惜，越难以得到的东西就越想要得到。当商品限时限量限购时，消费者反而会加深对其的印象，产生强烈的欲望，愈加想尽早买到它。这种消费心理是饥饿营销得以大行其道的基础。

网红店火爆排队的场景，就是典型的饥饿营销产生的结果。门店前顾客的排队场景是可以人为设计和控制的。例如，网红茶饮品牌喜茶为了延长顾客等待时间，会有意在饥饿营销过程中设置一些控制条件，造成排队火热的现象。

第一，限量销售。由于旗下门店顾客排队时间较长，为避免有人大量代购而招致其他顾客不满，同时也为了确保公平，喜茶制定了限购措施：每名排队顾客限购两杯。这样既避免了代购和黄牛加价，也在一定程度上延长了排队队伍。

第二，取餐控制。喜茶门店采取的不是做好一杯取走一杯的销售方式，而是每批次统一做好八杯才会让消费者取走，因此不大的店门口总是积压着先前已经买过单的顾客，排队现象会一直存在。

其实有很多方式可以缩短顾客等待时间，例如通过公众号在线点单，或者开发预约系统提前点单、到店即取，但喜茶并没有采用这些便捷方法的打算。

第三，购买条件限制。火爆的人气加上不断加长的队伍，难免会让人怀疑是不是商家雇了托儿在排队，故意制造生意火爆的假象。喜茶为了自证"清白"，也为了抵制黄牛，又制定了新的购买条件：实名登记，即购买喜茶的消费者必须提供自己的身份证。

当买一杯奶盖茶要排一小时队、每人限买一杯的时候，不管它好不好喝，顾客买到之后都会有发朋友圈晒图的欲望。产品越是稀缺，越能激发用户消费欲望和分享炫耀心理。

饥饿营销是一把"双刃剑"，适度的饥饿营销是吸引消费者关注、增强消费欲望的有效手段，运用得当可以带来可观效益，但需要把握好尺度，一旦营销过头就容易引起消费者反感，形成负面口碑，那就得不偿失了。例如，有顾客就称："在喜茶排队的过程令人焦躁，当时自己去点单，前面只有三个人排队，十几个人操作却等了 20 多分钟，怀疑是故意磨蹭，攒人排队。"

2. 故事营销

网红店善于从品牌、创始人、产品、服务、文化等层面讲述自己的故事，做好故事营销能获得事半功倍的传播效果。

▶【案例 2-6】

网红餐厅赵小姐不等位的老板那多出身书香世家，同时还是一名悬疑小说家，老板娘则是上海知名主持人、微博红人赵若虹，也就是赵小姐不用等位餐厅的"赵小姐"。

从赵小姐不等位餐厅开业的第一天起，就有一个关于餐厅创始人的故事在网上广为传播：赵小姐不等位餐厅，其实是那多送给太太赵若虹的结婚周年礼，就因为在结婚之前，两人出门用餐有时不得不排队等位，赵若虹随口念叨了一句，如果能拥有一家自己不用等位的餐厅就好了，于是，就有了赵小姐不等位。

这个充满温情的故事感动了一波波网友，吸引了一波波粉丝来餐厅打卡。餐厅老板的名人背景也赋予品牌很强的号召力，经过一段时间发酵，赵小姐不等位成了当时沪上名媛和文青的聚集地。

会讲故事是网红店很重要的一项能力。可以是品牌创始人的故事，可以是产品本身的故事，也可以是用户相关的故事。星巴克提出过一个"第三空间"的概念和相关故事，也具备了网红特征。不具备讲故事能力的网红店，其传播效果会大打折扣。

3. 跨界营销

所谓跨界营销，即商家利用各自品牌的特点和优势，将自身核心元素提炼出来，与合作伙伴的品牌核心元素相契合，从多个侧面诠释一种更好的用户体验。

品牌之间的跨界合作，目的是加深消费者对品牌的认知。例如，喜茶先后同美宝莲、耐克、百雀羚、回力等数十家品牌跨界合作，推出联名款产品，制造热点，造势出圈。

2019 年，网红奶茶品牌鹿角巷也进行了一系列跨界营销合作。比如针对七夕节，鹿角巷携手时尚眼镜品牌音米、鲜花电商品牌花加联合推出了七夕蜜运礼盒，甜蜜而温馨；与暖心情歌王子品冠联合推出 "my love" 联名饮品及限定主题杯套，实力宠粉；与爱奇艺夏日青春漾联合推出夏日冻冻车活动，四大城市巡展，四大主题玩出新创意，为夏日送上一份清凉。

实体店进行跨界营销要遵循六个原则。

第一，资源匹配原则。两个合作品牌在能力上具有共性和对等性。

第二，消费群体一致性原则。跨界品牌必须具备一致或者重合的消费群体。

第三，品牌非竞争性原则。跨界营销的目的是达成双赢，而不是此消彼长，合作品牌要做到互相赋能，而非相互竞争。

第四，非产品功能性互补原则。即从产品属性上，合作双方要具有相对独立性。

第五，用户体验性原则。要围绕目标消费群体的知觉、行为、情感等来优化消费体验。

第六，1+1 ＞ 2 原则。跨界合作要能够形成整体的品牌印象，产生强力的品牌联想。

4. 社交裂变营销

借助社交媒体进行病毒式传播，品牌可以通过产品颜值、话题、活动发起等多种形式来进行。社群裂变营销主要有两种：一是口碑裂变；二是机制裂变，其本质都是让消费者自发传播。

口碑裂变即通过排队效应、包装营销、网红推广等一系列推广措施引导消费者在社交网络平台打卡，实现社交裂变，口碑传播。

机制裂变即商家通过设计一定的利益机制，比如分享获积分、分享得优惠等机制，刺激诱导消费者主动分享。瑞幸咖啡便是机制裂变的高手。

▶【案例 2-7】

瑞幸咖啡属于社交新零售网红品牌，借助社交＋线上线下融合的获客模式在短时间内获取和裂变出大量私域流量，其承载私域流量池的工具是 App＋微信服务号＋微信小程序商城，瑞幸咖啡拥有一套完善的裂变机制（见表 2-1）和裂变系统。

表 2-1　瑞幸咖啡营销策略及裂变机制

目标用户	以一二线城市的上班族为主
用户特征	对产品品质要求较高，勇于尝试新事物，喜欢追星
推广媒介	线上渠道＋线下渠道＋明星代言； 线上渠道：朋友圈 LBS（定位服务）广告； 线下渠道：以新店附近的分众广告为主
邀请机制	首单免费、送 TA 咖啡等
分享机制	分享幸运，就这一杯； 洞察用户爱贪便宜和爱分享的心理，采取社交营销玩法：给好友赠咖啡，他得你也得

瑞幸咖啡为实现迅速获客、裂变，推出了一系列营销裂变措施（如表 2-2 所示），取得了不错的效果。

表 2-2　瑞幸咖啡获客和裂变措施

措　　施	活　动　详　情
首单免费	新用户下载瑞幸咖啡 App，就能免费获得一杯饮品（以咖啡为主）
送 TA 咖啡	用户将分享链接发给社交圈好友，好友下载瑞幸咖啡 App 后，可各自免费获得一杯饮品
每周五折	新用户关注官方微信公众号，每周有机会获得五折优惠券
轻食风暴	用五折特惠价购买所有轻食
咖啡钱包	用户购买饮品券，充两张免费得一张，充五张得五张。"双 11"期间充一张得两张（限充五张）
下单送券	用户在平台消费任一商品可获赠 20 张优惠券（一张自用，剩下的可分享给好友）

在上述营销措施中，"首单免费""下单送券"和"送 TA 咖啡"是获客和裂

变的主要措施。

首单免费：这是具备一定实力的商家在推广期为了快速获客经常采用的措施。与其他商品相比，咖啡实际成本较低，很适合作为获客的赠品。

下单送券：将大量优惠券作为引诱剂，可以有效刺激用户消费。

送 TA 咖啡：属于后付奖励。其优势在于，门槛不高，强调分享，用户分享给好友后，双方都能获得一杯免费的饮品，好友免费获得了用户分享的福利，既可惠及他人，自己也可以得到实惠。

瑞幸咖啡为了实现"成为年轻人的第一杯咖啡"的目标，结合社交传播，配合打折、赠券等营销活动，不断推广"新用户下单得一杯免费咖啡"的活动，最终通过完善的营销、裂变机制，以点带面，迅速实现社交裂变，扩大了用户群体。同时，瑞幸咖啡还在微信等社交平台投放个性化广告，不断扩大品牌影响力。

相对而言，口碑裂变和社交裂变适合中小网红店，瑞幸咖啡的机制裂变玩法则更适合体量较大、有资本加持的品牌连锁网红店。

网红店不论采取何种营销组合拳，切记一点，适合最重要，盲从是大忌。目标顾客在哪里，广告就投向哪里。大家都知道广告浪费了一半，只是不知道浪费了哪一半。我们要根据营销数据分析和用户画像不断优化营销策略和广告投放，减少浪费，找到最适合自己的推广策略和营销方法。

★ 五、实体店 + 达人探店

"吐血整理！本地人才知道的苍蝇小馆。"

"北京超好吃的烤肉，这个团购简直太划算了！"

"4 家网红店探店，超好吃不踩雷！"

"我吃过的 N 家网红店里，这家最值得去！"

"探店的一天，三家网红店实测。"

......

诸如此类的网红探店软文，对实体店从业者和消费者来说都不陌生，在微信公众号、抖音、小红书等社交平台，随处可见标题为"爆款小吃""网红店铺美食攻略"的资讯，餐馆、酒店、美容院、电影院、网咖、游戏厅……探店达人们的涉猎内容几乎涵盖了生活的各个方面，尤以美食主题最受欢迎。而商家则通过探店营销获得流量，增加客流和消费。

"只需要 30 个探店博主，就可以打造一家网红餐厅"，这是某 MCN（Multi-Channel Network，网红孵化中心）机构的宣传承诺。在"流量为王"的时代，网红就是最好的流量分发渠道。利用红人的影响力，将聚集于红人及内容的流量分发至各个合作店铺，是探店类内容营销的基本商业逻辑。网红博主通过探店带火一家实体店的现象时有发生。

探店模式下，商家、网红和消费者均有收益。

首先，消费者通过达人的探店内容获取了商家的相关资讯，省去了自行查找、判断的时间，提升了决策效率。

其次，商家能够获得更多的精准流量，且探店模式下的推广成本相对较低，性价比较高。

最后，网红也能通过探店实现商业变现，提高创作热情和运营动力。

1. 如何筛选网红

随着越来越多的网络达人相继涌入探店的赛道，种种行业乱象也逐渐暴露。如何找到合适的探店达人，非常考验商家的眼光。寻找网红达人的途径主要有：

第一，人工筛选。即在各大自媒体平台，搜索商家所在垂直类目的主播，逐一安排人员进行对接。通过人力筛选虽然效率慢，精准度也不高，但如果肯下笨功夫，总能找到与自家匹配的网红。

第二，找 MCN 机构。MCN 机构是培养和输出网红的重要渠道，相较于人工筛选，与 MCN 机构合作可以更高效地匹配主播。MCN 机构通常会收取一定比例的佣金，成本相对较高。

第三，通过抖音电商的精选联盟、巨量百应、商家后台。除了人工筛选和

MCN 机构，还可以借助抖音、快手等平台官方的力量。比如，网红可以通过精选联盟触达商家，商家可以通过后台定向招募，服务商则可以通过巨量百应和机构建立联系。这种渠道可以实现精确推荐，帮助商家做高效且精准的投放。

不论采取哪种途径，都要首先确定网红的粉丝受众是否符合品牌调性和消费者倾向。同时，还要根据探店博主的作品优质程度、粉丝质量、（点）赞（收）藏评价互动数据等进行综合判断，确保所选博主的宣传调性可以和商家或品牌实现最佳匹配，以保证粉丝对内容的信任度，提升种草率。

探店领域也不乏一些素质低下的探店达人，他们到处蹭吃蹭喝蹭玩，起不到应有的宣传效果。

▶【案例 2-8】

杭州市拱墅区的王师傅经营着一家餐馆。一天，一位自称抖音大 V 的顾客和她的朋友们来店里用餐，共计消费 400 多元，结账时大 V 对王老板表示，自己可以为其作短视频推广，言外之意要求免单。遭到拒绝后，这名所谓的大 V 反问店主："你知道别人请我拍视频要多少钱吗？"

王师傅哭笑不得，这名博主的粉丝量只有一千多人，能为餐厅带来多少实际流量呢？他说："我已经开店 6 年多了，生意一直不错，每到饭点时店里挤满了人，来的都是回头客，就算因为她的引流带来一波'小高峰'，又能持续多久呢？"

除了打着网红名号吃霸王餐的现象，还有一些探店网红"创作"出的内容不再是基于"真实"和"亲历"这两大要件，而是通过五花八门的包装、美化手段造假，过度褒扬或贬低商品或服务，对此类网红，一定要坚决抵制。

2. 探店合作模式

实体店同探店主播的合作模式主要有三种。

第一，有偿推广。即俗称的"充值"探店，大多是一口价模式，具体收费标准根据所处平台、粉丝量和垂直度来定。以某省会城市为例，百万粉丝的抖音账号探店合作费用为 8000 元左右，50 万粉丝账号合作价格是 5000 元，20 万粉丝账号合作价格是 3000 元，10 万粉丝账号合作价格是 2000 元。

第二，直播模式。网红可以在店里做直播，比如在餐厅边品尝特色菜边直播，以起到引流的作用。直播间最高观看人数可以达到 5000 人左右的网红，其收费标准为每直播一小时收费 1 万元。

第三，团购分成。即平台邀请商家入驻后推出团购套餐，而博主可以在探店视频中贴上团购套餐链接，用户购买、使用套餐后，探店达人即可获得一定比例的提成，佣金比例一般在 2% ～ 15% 之间。

3. 探店合作注意事项

探店类内容各方面的成本都比较低，制作门槛也不高，为了确保探店模式的推广效果，要注意以下几个事项。

第一，避免虚假宣传。要事先在合作协议中对探店博主做出限制，防止其夸大宣传，以免为门店带来负面口碑。

▶【案例 2-9】

美食爱好者子琪，在抖音上看到一位本地美食达人发布的日式火锅店的探店视频，视频中菜品丰盛、肉质鲜嫩，令人垂涎欲滴，且两人份套餐只需不到 200 元即可"吃到撑"。博主大快朵颐，一副陶醉其中的神情瞬间勾起了她的食欲。

子琪立即约朋友一同去那家火锅店品尝，但体验过后却大失所望，不仅菜品种类少，牛肉口感更是不敢恭维，分量也与博主所示大相径庭。"这是同一家店吗？怎么反差如此巨大？"子琪大呼上当。

虚假宣传引发的负面效应和信任危机会严重蚕食商家的口碑，消费者的这种负面情绪还会通过其朋友圈被传播、放大。如果恰巧消费者本人也是网络意见领袖、大 V，则有可能导致商家口碑塌房。

第二，平衡观赏性与商业性。探店类内容要明确做内容的初心，知道"内容 ≠ 广告片"，不能为了商业植入而忽视探店内容本身的观赏性、创新性。单一的广告性内容很难得到粉丝共鸣。

第三，服务和产品是根本。网红探店的作用是利大于弊，前提要做好流量承接，做好产品和服务，不可舍本逐末，丢了实体店赖以生存的根本。某西餐厅负责人很清楚这一点，他表示："网红打卡、线上推广这些营销方式确实会带来一些流量，但是如果没有把服务和餐品做好，流量也只会是短期的，很快就会消失。"

第四，推广结束，评估效果。探店推广周期结束后，要在一定时间段查看分析传播数据，总结转化效果，积极从推广用户和粉丝中收集意见，及时进行总结。如果传播效果和转化都不错，可以为后续合作开展打下良好基础；如果效果尚可，但未能达到超预期效果，也要从中积累经验，做好总结，以便下次实现更完美的推广。

★ 六、抖音：网红店营销主阵地

抖音，由字节跳动孵化的一款音乐创意短视频社交软件，是短视频领域的"扛把子"。

抖音的用户增长堪称指数级。2018年1月，抖音日活用户数为3000万，当年6月便成功破亿。2019年1月，抖音日活用户达到2.5亿。截至2020年1月5日，抖音日活跃用户数已突破4亿大关。到2020年8月，包含抖音火山版在内，抖音日活跃用户已超过6亿，成为继微信、淘宝之后，屈指可数的日活超6亿的超级App。2022年，抖音用户进一步增长，日活用户突破7亿。

抖音作为一个超级公域流量池，是实体店进行品牌宣传、引流获客的重要平台，不可错过。

在抖音平台走红的网红店不计其数，早期就有CoCo都可、一点点、厝内小眷村、答案茶等网红店，海底捞也早在2018年就乘着抖音营销的东风，成为最早介入抖音运营的实体店之一。

▶【案例 2-10】

2018 年 1 月，一个 ID 为 "AnswerTea 答案茶 秋涵" 的抖音用户上传了一条视频，视频主角是一杯会 "占卜" 的套路戏精奶茶。无论你有什么问题，揭开杯盖顶部贴纸，答案就会浮现。

视频中，秋涵对着一杯奶茶问："奶茶你说我除了长得美，还有点啥不？"

掀开瓶盖，答案浮现："一无所有。"

这条视频收获了超过 40 万的播放量，隔天视频播放量更是直冲 883 万，获赞 24 万，评论区被 "求加盟" "求答案" 的信息刷爆。当时尚未运营实体店的秋涵和她的合伙人见状，做出了开店的决定。

1 月 13 日，答案茶第一家门店在郑州开门迎客，门口的顾客排起长队。消费者先将一个自己困惑的问题写在杯子的腰封上，待所点的奶茶做好后，店员在拉花机的摄像头前扫描顾客的问题，让拉花机把问题的答案印在奶茶奶盖上。最后，店员加杯盖遮住奶盖，套上腰封。消费者揭开杯盖时，属于自己的答案就随之浮现在眼前。

据答案茶创始人兼 CEO 谷铁峰介绍，答案茶的灵感来自于东野圭吾的小说《解忧杂货铺》："只要写下烦恼投进杂货铺卷帘门的投信口，第二天就会在店后的牛奶箱里得到店主的回答。"

仅仅 4 个月时间，答案茶便凭借 34 条抖音小视频收获了 35 万粉丝和 117 万点赞量。

高峰时，答案茶曾一天接入 8000 通加盟咨询电话，短时间内便开出 200 多家加盟店。

随着短视频流量平台的崛起，抖音作为新的全民流量聚集地，成为实体店主解决引流和获客痛点的新蓝海。自 2021 年起，抖音开始将本地生活服务作为一个重要战略方向，大力扶持实体商户做抖音营销推广。而且，抖音是兴趣电商，抖音的算法机制和流量分发机制能将实体店推荐给感兴趣的潜在顾客，即使他们一时没有需求，经过不断 "种草"，迟早会转化为实际需求。

实体店做抖音营销，根据门店实力和人员配置，主要有三种操盘模式。

第一，老板亲自操刀做抖音。一方面可以节省成本，另一方面老板对店面运营了如指掌，更容易做出成绩，也会比较上心。

第二，招募团队来做。将抖音运营交给专业团队，专业化运营。该模式适合具备一定实力的实体店。

第三，外包模式。将抖音运营外包给外部服务商，也可将个别环节比如账号包装、视频策划、拍摄、制作外包，商家负责账号的日常运营与维护。

不论选择哪种模式，在实操中都要把控好以下要点。

1. 开通门店抖音账号

实体店开通抖音账号后，尽量开通企业号，开启蓝 V 认证，获得一系列权限，如可认领店铺地址，并支持上传联系方式、产品及服务等来"装修"线上门店。抖音号认证蓝 V 后还能得到更多初始流量，挂载门店 POI 信息的视频会被优先推荐给本地用户。

账号装修一定要做好，包括头图、头像、昵称、简介等。头图建议放门店实景（门头照）、特色产品图片、引导关注等内容。个人号就用老板的真人头像，企业号就用门店的 LOGO，个人头像容易建立信任感，连锁、知名品牌用品牌 LOGO 的比较多。

昵称建议用店名，或者人物名＋职位，比如：老黑（××烧烤店老板）。抖音昵称后面还能用来做活动预告，比如广州××店（××号开业）、合肥××店（××号××免费体验），或者××号直播、周年庆、特价促销等。

利用简介做活动、周年庆、新品发布、优惠信息等，要让用户清楚能带给他们什么好处、收益和价值。简介常用的格式是：介绍＋产品卖点＋给用户带来的价值。

抖音的推荐机制很大程度上与账号权重相关，新账号不要急于发视频，以免被判定为营销号。建议先模拟个人用户行为，通过刷视频并评论互动等来养号，养号的同时也可借机学习、总结同行达人的视频创作思路。

2. 内容创作思路

为了迎合抖音的推荐算法，抖音账户内容必须有明确的定位，并保持高度垂直。实体店抖音账号发布的视频时长建议保持在 30 ～ 60 秒，不要太长。前期的视频要适当短一些，控制在 30 秒内，以提升完播率，提高账号权重。

内容创作方向主要有：

第一，知识型。产品知识、行业知识、专业知识等，核心是有用，吸引精准人群，增加信任，树立专业度，提升转化率。

第二，故事型。可以是创始人故事、品牌故事、产品故事、客户案例 / 反馈等。

第三，段子型。围绕产品讲段子，增加幽默感，提升互动和黏性。

第四，产品型。产品的优势卖点。

第五，制作型。产品的制作细节，更真实，更有说服力。

第六，活动型。周年庆、节日活动等。

第七，卖点型。讲差异化，别人不具备的独特卖点。

第八，热度型。热度话题关注度高。要蹭同本店相关联的热门话题，而不是为了蹭热度而蹭热度。

3. 内容发布

短视频拍摄制作完成后，尽量选择流量高峰期发布，如早上 8:00—8:30，中午 12:00—12:30，晚上 6:00—8:00。当账号达到 1000 个粉丝后，可按照粉丝活跃时间发布，建议要比粉丝活跃时间提前 2 小时发布，比如粉丝活跃时间是晚上 8:00—10:00，则在晚上 6:00 发布。

4. 同城推广

实体店吸引的主要是同城流量，抖音同城推广策略主要有以下几种。

第一，在高德地图上免费认领实体店定位，审核需要两天，第三天就能同步到抖音。

第二，在抖音账号的设置栏目中找出隐私设置，打开同城展示。

第三，发布视频时要在文案框写下三个 # 话题，分别是 # 城市、# 城市 + 行业、#城市+店名。在下面的三个标签中要选择位置定位，选择店铺定位。

第四，在视频标题文案中要尽量多出现所在城市名，这可以在很大程度上帮助算法判断视频内容，认为该内容适合推荐给同城的用户，以获得更多同城流量。

第五，投Dou+，投放范围可以选附近6～8公里。

5.粉丝互动

安排专人积极回复粉丝的评论可以提高账号的活跃度和互动度，还能获得系统的流量推荐，增加粉丝的黏性和忠诚度，实现对线下门店的引流。

第三章
流量店：流量破圈与私域流量池

> 随着互联网的应用，各种新的营销手段层出不穷，打破了城市传统的空间秩序，擅长互联网营销的实体店经营者，能够将藏在犄角旮旯的内街小巷中的店铺打造成生意爆棚的网红店，实现流量破圈。
>
> 成为网红店，就有了流量，有流量就有销量，让一家店红起来，第一步便是吸引流量，网红店本质上就是流量生意和（私域）流量运营。

★ 一、实体店的空间平权与流量破圈

传统城市区域划分有严格的空间秩序，广义上可分为中心区、次中心区、外围区、商业区、居民区，狭义上可分为十字路口、沿街旺铺、内街小巷。

过去，在线下开店要服从基本的商业逻辑——遵循所在城市、片区的空间秩序，铺面位置越好，人流越多，生意越旺。

离城市核心区、核心资源越近，商铺租金越高，例如北京王府井商业街、上海南京路步行街、成都春熙路广场、重庆解放碑、广州珠江新城等都是城市里的核心商圈，人流如织，寸土寸金，豪华商场、五星级酒店林立，各路高端大牌纷纷入驻。

开店选址如果违背了空间秩序，则可能无人问津，没有生意可做。

空间秩序的存在导致实体店成长空间有限，"天花板效应"明显。例如，餐饮行业属典型的线性增长，营业收入受店铺面积、辐射范围限制，其增长存在天花板，很难突破。互联网营销手段的出现，让餐饮行业的发展能够轻松突破店铺

面积、地段限制，实现营业收入的指数级增长。

传统餐饮行业高度依赖店铺地段，传统的街边餐饮店只能吸引方圆500米的客群，外卖的出现可以将该半径扩展至3000米以上。

华南地区网红品牌"探鱼"，依托实体店开发出了颠覆行业认知的烤鱼外卖，从开始没有经验、没有专人负责，到后来成立专门运营小组，每周、每月定期复盘改进。

探鱼外卖给自己加了三道金箍——60分钟没送到就免费、不好吃无条件退换、有意见打八折。

经过不断精进，探鱼外卖以科学且不失文青调性的外卖包装和器具，为消费者提供了接近堂食的体验。从试水外卖，到深度运营，探鱼的外卖业务在两年间实现销售额破亿元，极大拓展了实体店的销售空间，单量从全国第七做到了全国第一，服务异常比率也显著低于行业平均水平，成为众多同行羡慕和学习的范本。

类似"探鱼"这样的实体店，未来可以充分享受空间平权的红利，实现两条腿走路：一条是传统的线下门店；另一条是包括外卖在内的线上销售渠道（这条腿因为不受店铺面积和人力成本的制约，营业额有指数级增长的可能）。

借助互联网组合营销手段，可让某些网红餐饮店的辐射范围进一步扩大，辐射至全城、周边城市，乃至全国，实现流量破圈（突破传统经营半径与所在商圈）。因此，才不断有"为喝一杯网红奶茶，北漂女孩坐飞机去长沙，排队4小时""宁波女子打飞的赴杭州喝网红奶茶"之类的新闻见诸报端。

▶【案例 3-1】

在长沙最繁华的步行街，每走一段距离，都有一家茶颜悦色饮品店，而且每家店的生意都很火爆，门前排满了等待消费的顾客。

茶颜悦色的创始人吕良是策划出身，他研究了奶茶行业的风格，打出了差异牌，坚持走"中国风"道路，从产品内容、包装到店面装修风格都特别注重"中国风"理念，在奶茶领域找到了突破口，展现了自己独一无二的风格。

吕良善于营销和宣传造势，茶颜悦色不仅开遍长沙（拥有100多家直营店），而且频频登上热搜，火遍全国，吸引全国各地的奶茶爱好者前去打卡。

北漂女孩阿珍是一名奶茶爱好者，市面上的主要品牌奶茶店她几乎都体验过。长沙的茶颜悦色在网络上火爆，她很想去品尝一番。"本来我打算利用出差的机会去长沙打卡，但现在没有这方面的机会了，去年也没能去成，所以今年初我就制订了去趟长沙，买一杯网红奶茶，感受一下口味的计划。"

阿珍称，该奶茶店价格比一般奶茶店要贵，但由于生意火爆，排队的人络绎不绝。

互联网应用和营销手段的出现，打破了传统城市经典的空间秩序，擅长互联网营销的实体店经营者，能够将藏在犄角旮旯的内街小巷中的店铺打造成生意爆棚的网红店，反之，即便是位于城市核心区的沿街店铺，也可能无人问津。

从城市发展史的维度看，这是一次伟大的空间平权，空间平权的时代来临了。

所谓"空间平权"，特指随着移动互联网的发展，原有城市里的区位优势在逐渐变得没有那么重要，网络不发达时代的地点效应弱化，城市趋于扁平化，在城市内部一定范围的空间内，不同区域的地段价值（包括租金水平、居住环境、公共服务）差距逐渐缩小，直至拉平。

通俗来讲，空间平权即原有的地理位置优势在移动互联网时代下逐渐被弱化，实体店的流量不再依赖地理位置。主要体现在两个方面。

第一，不同城市、不同地区之间，地域差异造成的影响越来越小。互联网巨头通常诞生于人才、资金、资源更集中的超一线城市，如北京、深圳、上海、广州等，在空间平权时代，网红品牌的诞生地实现了去中心化，呈现下沉趋势。

周黑鸭、喜茶、三只松鼠这几个炙手可热的网红消费品牌都是空间平权的受益者，它们都不是诞生于北上广深等一线城市——周黑鸭诞生于新一线城市武汉，三只松鼠创立于三线城市芜湖，而喜茶最开始起家的地方则是湖北江门。

第二，在城市内部一定范围的空间内，不同区域的地段价值差距逐渐缩小直至拉平。移动互联网时代，地区不再是差异，远近不再是问题，在何处开店已经变得不再重要，酒香真的不再怕巷子深。重要的是，店主是否擅长利用移动互联网手段快速获取不输于一线旺铺的低成本流量，如私域流量。

实体店也未必一定要开在地段良好的街边，也可开在用传统眼光看来地段较差的居民区、公寓中，后者同样可以通过互联网获取流量，生意照做，成本更低。例如，拉萨的吉祥圣雪网红藏餐厅就开在一个不知名的小巷中，它照样让全国各地的食客、驴友、明星趋之若鹜。再比如，开设在非临街商铺（居民区、高层公寓）的各类网红健身房、美容院、理发工作室、培训班、民宿等，不依赖自然客流，高度依赖线上导流，人气很旺，生意很火。

网红店，将空间平权效应施展到了极致，其流量主要来自线上和口碑，而非店铺所处地理位置的自然流量。

★ 二、私域流量与公域流量池

互联网圈内有一句至理名言："你的产品要么赚钱，要么赚流量！"

互联网流量直白地说就是用户，它是互联网公司的核心资产和核心命脉。互联网行业的发展规律即是不断发掘、追逐流量红利，从 PC 互联网，到移动互联网，再到万物互联，流量在不断扩大，同时也在不断转移阵地。从 3G 到 4G，再到 5G，网速在飞速提升，海量用户可以随时随地看视频、看直播，流量资费不断下降。从网址导航到文字博客，从微博和公众号的图文内容到短视频，再到直播，新的流量平台和流量洼地不断涌现。

网红经济是注意力经济、流量经济，依托互联网传播、社交短视频等平台推广，网红店能够在较短时间内获得大量关注，拥有巨大流量。

成为网红店就有了流量，有流量就有销量。想让一家店红起来，要做的第一步便是吸引流量。网红店运营本质上就是流量运营。

2017 年后，中国移动端网民规模基本达到饱和，互联网行业的流量蛋糕基本定型，流量红利随之消失。在此背景下，想要获得新流量，就是存量竞争和行业内卷，竞争的直接后果是互联网行业获取流量的成本不断攀升。

随着流量进入存量市场与《数据安全法》正式落地，平台的流量越来越贵，公域流量的获取与变现越来越难，2016 年是线上流量红利时代的转折点，原来流量唾手可得的时代一去不复返。到 2017 年初，互联网线上获客成本急剧增加，从 1 元、2 元提高至 5 元、10 元，电商领域的获客成本更高，某些电商平台获客成本高达 200 元 / 位，高的甚至超过 1500 元 / 位。

当前，不仅线下遭遇客流荒，线上也出现了流量荒，流量红利消失、流量成本居高不下成了全域的流量危机。

严峻的流量现状倒逼全行业都在积极寻找流量洼地，打造私域流量池。

1. 公域流量与私域流量

流量，有公域流量和私域流量之分。

第一，公域流量。即公共流量平台上的流量。公域流量平台主要有七类：

• 门户平台，如搜狐、新浪、网易等；

• 电商平台，如京东、淘宝、天猫、拼多多等；

• 社交（软件）平台，如 QQ、微信等；

• 内容聚合型平台，如今日头条、腾讯新闻等；

• 社区平台，如微博、知乎、百度贴吧等；

• 视频内容型平台，如抖音、快手、西瓜视频、腾讯视频号等；

• 搜索平台，如百度、搜狗、谷歌等。

公域流量平台拥有巨大的流量，公域流量从属于平台，分发权限也被各平台所掌控。随着流量红利逐渐消失，各大公域平台上的流量越来越贵，对于外部客户而言，这种流量是不可控的。例如，淘宝、抖音、百度、微信都是一个完整的生态，都是巨大的流量池，企业和商家可以通过投放一些广告去获取部分流量，但大部分流量都不能为己所用。

第二，私域流量。属于自己（个人、商家、企业）的流量。比如个人微信号、微信社群、微信公众号、企业官网、企业微信、小程序、自主 App、自媒体账号中所沉淀的粉丝、客户、流量。私域流量是可以完全支配的流量，能够直接触达、多次利用，实现一对一精准运营。

私域流量具有四大特点（见图 3-1）。

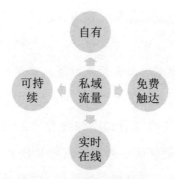

图 3-1　私域流量四大特点

2. 打造私域流量池

只有私域流量才是自己的、免费的、可以反复触达的流量。品牌和商家要善于从公域流量平台将流量沉淀到私域流量池。

自媒体人罗振宇称："未来的品牌没有粉丝迟早会死。工业时代，你只需要有顾客和用户即可，而未来时代你没有社群，没有粉丝，就是一死。"

罗振宇所讲的粉丝和社群，就是品牌和商家的私域流量池。

新冠肺炎疫情期间，大量线下门店闭店，无法营业，实体门店生意几乎陷入停滞状态。但同时也有很多门店，不但不受疫情影响，业绩反而逆势增长，例如做家居定制的尚品宅配、卖鞋子的红蜻蜓、做生活超市的美加美、做服装的特步等。只因他们做对了一件事情——提前布局私域流量，打造了品牌专属的私域流量池。

▶【案例 3-2】

疫情期间，特步线下门店受到很大冲击，特步另辟蹊径，以"特步运动+"导购小程序为工具支点开展导购社群经营、门店直播。在大量门店关闭的情况下，特步实现了零接触购物，保持了与顾客的持续连接，在特殊时期盘活了私域流量中的人、场、货三要素。

2020 年 1 月，特步发力私域流量运营，特步的每个门店都有独立的私域运营团队，账号互相独立，门店的每名终端员工都有打造微信社群的任务。特步通过"任务下达、标杆打造、业务赋能"来多维度激活导购的私域运营热情，员工可通过社群和小程序直接触达目标用户和潜在客户，以内容种草和促销活动的方式刺激用户下单。

特步还开启了小程序运营，仅仅两周时间，就开启超过3000家小程序店铺，单日小程序销售额最高超过800万元。

2020年2月，特步每个终端员工平均拥有了2～3个微信群，群平均人数超过100人，一个百万数量级的私域流量池初步建立。在大量门店闭店的状态下，特步以门店为经营单元开展社群营销，充分赋能导购，通过"导购激活＋小程序＋社群＋直播＋企业微信"的私域运营模式，最高的社群成交转化率达到16%，通过微信私域社群达成4000多万元销售额。

不仅仅是品牌门店，即便再小的实体店也可以塑造自己的品牌，建立起私域流量。实体门店相对于线上门店，有天然的优势——地段人流优势、客户信任度高、复购高。

私域流量其实并不神秘，归根结底就是建立一种维护、触达客户的直接渠道，以个人微信号、社群等工具将客户圈起来，通过一些运维方式让客户感觉到店主的人品、服务的专业、产品的特色，客户就会产生信任和复购。

私域流量要解决两个问题：一是不断拓展新客户；二是让老客户不断重复消费。

★ 三、私域流量打造之抢占流量入口

私域同域名、商标、商誉一样，都属于私有的数字化资产。

私域流量是指可以在任何时间、任何频率都能直接触达用户而无需付费的流量，如自媒体、微信群、个人微信、企业微信等。简而言之，私域流量是我们通过网络渠道维护的客户群。我们可以随时向这些客户传播我们想传播的信息，比如新产品、折扣、活动等。通过这些渠道，帮助门店获得和留住客户。

随着线上获取的流量越来越多，线下门店自然客流量越来越少，所以门店一定要学会搭建自己的私域流量池，将线上线下充分融合，通过引流工具将用户引

入私域流量池（自媒体账号、微信群），提高客户黏性的同时再次加强信任感，提高回头率和复购率。

实体店在构建私域流量池时，要尽可能抢占线上线下的各个流量入口，进行全域引流。

1. 线下流量入口

线下门店是自然客流的主要入口，所有与顾客产生的连接点都可以打造成私域流量入口，比如门店台卡、员工引导、预约入口、电梯海报、互动大屏、一物一码、点餐二维码、收银台等。通过多入口引流来壮大私域流量池，实现门店与消费者之间的数字化连接。

门店还可通过举办地推活动、引导门店自然客流添加微信进入私域社群。例如：顾客添加店长微信，当场就可以享受20%的折扣。店长还可以邀请顾客加入店铺的VIP群，以后下单时可享受10%的优惠。添加微信就能享受如此多的优惠，相信很少会有人拒绝。

2. 线上流量入口

线上流量入口主要包括抖音、视频号、微博、快手、小红书、今日头条等公域平台（见表3-1）。

表 3-1　线上公域流量入口

公域平台	流量入口	引流技巧
抖音	抖音号	将抖音号设置为微信号，并备注"全网同号"，吸引粉丝添加
	个人简介	在简介中写上微信号，要做一些表情和谐音处理
	背景 banner 图	在图片里可以添加引导微信、公众号，最好做一些谐音处理，调整好图片尺寸，尽量让用户不下拉就能看到完整信息
	粉丝群	粉丝群账号的入口直接展示在主页之中，吸引粉丝入群
	私信	私信可发送文字、图片、视频，通常配合福利诱饵引导添加私域
	评论区	尽量不要在置顶评论中写联系方式，可在后面点赞高的评论中隐晦地留下引流联系方式，也可以利用小号去评论区引流

公域平台	流量入口	引流技巧
抖音	视频内容	将引流联系方式隐晦地植入视频内容中，不可太生硬
	直播	在直播中主播可引导粉丝添加进私域，不要频繁提及微信二字，否则容易被断播或封号
	蓝 V 引流	通过企业蓝 V 认证的账号，可以在主页挂官方电话和官方网站
	信息推流	一种付费推广，也是最安全的引流方式，可将粉丝引流至微信、淘宝店铺等
视频号	账号简介	简介里可备注个人微信号或联系方式，通过福利、资源、服务承诺来引导添加好友。也可直接关联公众号，在公众号中设置相应引流路径
	视频简介	在发布的视频内容描述中可以留下微信号、公众号引流
	视频内容	视频中可添加一些加粉的话术和信息，可通过口播引导（比如：欢迎大家点击评论，添加微信和我交流）、画外音引导、图片引导等方式来引流
	评论区	留下联系方式，对用户进行引导，引导话术要同内容相关
	私信	对互动频率高的粉丝，可以不定期主动向他们发送一些福利、话术，引导至个人微信
	直播	直播中可采取三种方式引流：评论区引流、二维码引流（可在背景墙上留下个人微信二维码或公众号二维码）、口播引流（主播口头引流，引导用户添加微信或公众号，要注意频率不要太高）
微博	个人简介	在简介区留下微信号、公众号、邮箱等引流信息，要做一些表情或谐音处理
	背景 banner 图	背景图中可以引导添加个人微信、公众号等信息，通常配合福利措施引导用户添加
	内容	微博内容可以直接引流，微博或是图文内容都可以直接提到微信号、公众号，甚至可以加外链，限制较少
	评论区	评论区可留下引流联系方式，或通过福利刺激粉丝加入私域
	粉丝群	引导用户进入粉丝群后，在群里进行引导，再添加私域
快手	账号简介	简介中可留下微信号、邮箱，注明合作、引流意向
	评论区	在评论区通过福利引导用户发私信，在私信中往私域导流
	粉丝群	商家粉丝群的入口直接展示在主页之中，用户进群后，在群里再引导添加私域
	快手小店	小店可以设置客服功能，用户进入小店页面可以联系客服，客服再引导用户添加私域
	直播	直播中可通过举牌或口播的方式展示微信号、二维码等引流信息，但要适度，避免被封

续表

公域平台	流量入口	引流技巧
小红书	账号介绍	简介中只能留邮箱，可设置自动回复，内容可以是微信号或其他联系方式。注意不要直接放微信号、二维码等信息
	置顶笔记引导	专门发布一篇有关引流的置顶笔记，向用户传达添加微信、加入私域能获得什么价值，提高引流效率
	小号评论	用账户昵称相似的小号在大号下面评论，将专辑名改为自己需要的引流联系方式即可
	打卡功能	利用小红书的打卡功能在个人主页展示广告位，留下引流信息
	私信	私信引流不要发重复内容（不超过3次），不要集中发私信，需间隔3分钟以上
	直播	主播可通过口播方式引导粉丝添加私域
	企业号	企业号支持绑定地址和电话（同微信），可引流至门店或微信，私信提到联系方式和站外信息，都没有限制，可以合法引流
今日头条	图文内容	通过干货、福利内容引导私信（需先关注账号）互动，进而引流至私域
	评论区	在评论区留下联系方式，最好以关键词回复的形式引导用户发私信，再引流到私域
	微头条	先通过福利诱饵引导用户主动私信，再进行私域引流
	问答	在回答某个问题之后，在结尾处留下相应的联系方式，引导用户添加私域
B站	账号简介	留下粉丝群号、微信号、邮箱等信息，引导用户进入私域
	视频简介	在视频介绍中提醒用户加微信/私信领取素材、资源等福利
	私信	通过私信交换联系方式，比如微信号、邮箱号、QQ号等
	评论区	在评论区置顶处发布微信号、公众号、邮箱，引导用户添加
	直播	通过直播区公告、直播视频嵌入等形式，公开微信号、群号、邮箱号等，引导用户添加

喜茶作为茶饮领域的网红品牌代表，擅长做私域流量运营，其线下、线上流量运营渠道主要包括以下几种。

第一，线下门店。

在喜茶线下门店随处可见二维码立牌，用户可以扫码进群；在用户点单的程序码以及订单小票中也设置了私域引流触点。

第二，私域平台。

（1）公众号：喜茶在菜单栏内有私域的引流入口，具体路径为：公众号菜单栏"阿喜社群"—扫码添加客服企业微信—邀请进入社群。

（2）小程序：喜茶 GO 小程序是喜茶的主要私域基建，目前会员人数已超过 6000 万，在主页和会员中心都设置了企业微信触点。具体路径为：首页 / 喜贵宾—阿喜社群—添加客服企业微信—邀请进入社群。

第三，公域平台。喜茶的公域流量平台主要包括：

（1）视频号：喜茶在视频号首页设置了企微触点，添加后可直接入群。视频内容以品宣、视频号活动、产品种草、故事剧场为主。

（2）抖音：喜茶在抖音平台主要运营 2 个账号：喜茶（粉丝 146.8 万）和喜茶官方旗舰店（粉丝 19.8 万[①]）。视频内容以种草主流饮品为主，主页还对线下门店进行了引流设置。

（3）微博：喜茶在微博共有超过 120 万粉丝，每天都会发布 1 ～ 2 条内容，内容为有奖互动、节日热点、话题互动、产品活动等，主要以文字＋海报的形式引导用户进入小程序。

（4）小红书：喜茶在小红书拥有 39.5 万粉丝，内容以有奖互动、话题互动、联名活动、产品种草为主。

私域流量运营的核心是微信，目前承载私域流量的载体主要是个人号、公众号（订阅号 / 服务号）、社群、企业微信等，小程序则是私域变现的关键途径。实体店可以通过个人号联系客户，搭建小程序商城进行交易变现，通过社群完成裂变拉新。

★ 四、私域流量打造之门店 IP 化

IP，英语"Intelectual Property"的缩写，直译为"知识产权"，是指"权利人对其所创作的智力劳动成果所享有的财产权利"，一般只在特定周期内有效。

如今的 IP，已经大大超越了文学作品，也超越了传统知识产权的范畴，举例来说，网红可以成为一个 IP，比如李子柒；自媒体也可以成为一个 IP，比如

---

① 截至 2023 年 2 月 16 日。

罗振宇、吴晓波、罗永浩；甚至一个故事，一个形象，一首歌曲，一个ID（账号地址），都有机会演化成一个个IP，成为互联网商业的新交易入口。

一家实体店，也可以是一个IP，而网红店之所以走红，很大程度上就是由于IP运作得成功。

在数字时代，只有两种门店，一种是有IP的，一种是没有IP的。门店IP打造得好，不仅能吸引源源不断的客流，还能以独特的IP形象让顾客成为回头客，成为忠实粉丝。缺乏品牌IP的门店，未来将举步维艰。

门店之所以要打造IP，核心在于流量太稀缺、流量太贵，更准确地说是公域流量太贵。

在流量成本高居不下的背景下，实体店做私域流量是必选之路，而打造私域流量池，首先要打造IP，IP是品牌的人格化，例如格力的董明珠，小米的雷军，再比如三只松鼠，都是品牌的人格化。

通过IP的塑造，门店能够在很短时间获取大量粉丝，建立品牌的私域流量池。

一个好的IP可以增强门店的辨识度，深化粉丝对门店的认知以及信任感，也有助于沉淀粉丝至私域流量池。门店IP需要具备以下属性。

第一，文化属性。此处所讲的文化，不是指文化知识，而是基于人文、专业技术的文化属性。长沙网红品牌超级文和友的创始人一直强调超级文和友不是餐饮，而是对标迪士尼乐园的中国文化IP。在店内，斑驳的墙体、各种字体的牛皮癣广告、老旧的窗阁和形形色色的招牌……超级文和友所呈现的"文化长沙"，不仅打造了品牌IP，还在一定程度上推动了"网红长沙"的成名。

第二，情怀属性。每个人都有情怀，现在自媒体平台上的很多地理IP、动物IP、虚拟IP都有情怀。实体店想要打造IP，更须有自己的情怀，赵小姐不等位餐厅的产生就是出于创始人"让太太用餐不再等位"的情怀。

第三，符号属性。符号是指门店LOGO、门店装潢等具有独特的辨识度。符号要与IP融为一体，切莫强行植入。

第四，传播属性。IP最大的特征是传播，如果大部分粉丝都没有自发传播品牌的动力或者冲动，那基本上可以判断这个品牌还不具备IP属性。

当门店被贴上标签，与标签融为一体时，便拥有了属于自己的 IP。

网红（实体）店 IP 化体现在三个方面。

1. 门店 IP 化

即线下实体门店的 IP 化。要将门店塑造成有血有肉、有性格、有特点、有温度的人格化形象，而不是刻板的冰冷形象，客户才愿意互动。

如何做到这一点呢？要提炼出品牌的唯一超级符号，比如肯德基的"老爷爷"，星巴克的"美人鱼"，喜茶的"阿喜"（定位为福利官），蜜雪冰城的"雪人＋自由女神"……让品牌 IP 成为独特的、唯一的超级符号，对提升品牌影响力有着不容小觑的作用。

蜜雪冰城在华与华公司的帮助下完成了 IP 符号定位。

首先，蜜雪冰城找到两个公共符号：雪人＋自由女神。这两个公众符号非常容易与人们的潜意识结合，并让人产生认同感，这也是华与华超级符号理论中最有效的方法论。

其次，赋予 IP 符号一定的情感。雪人非常直接地展现了小人物的愿望，无论是王冠，还是冰淇淋做成的权杖，同时符号所呈现出的类似自由女神形象中所包含的寓意也非常通俗，消费者可以直接感知、感受和接受，不用思考和转换。

最后，集中所有资源密集轰炸，洗脑式地反复传播，让所有人看到这个符号就能联系到蜜雪冰城这个品牌，直到该 IP 符号深入人心。

2. 自媒体账号 IP 化

抖音、微信、公众号、小红书等自媒体平台是实体店进行线上传播引流和打造私域流量池的主阵地，要确保自媒体账号包装的 IP 化，同线下门店形象 IP 保持一致。

自媒体账号 IP 化是一项系统工程，要提前策划细节和互动内容，执行起来才能有条不紊，效果也才能体现出来。账号 IP 的设置主要包括昵称、头像、朋友圈封面、签名和发圈内容等，这些都要有统一的定位和规划。喜茶企业微信的人设 IP 定位为：

昵称：阿喜。

头像：喜茶品牌 logo（标识）。

定位：福利官。

企业微信名片：在每个阿喜的企微名片里都能看到绑定视频号、小程序以及入群的链接，合理地利用资源多维度引流。

自动欢迎语：介绍社群价值＋服务指引＋入群链接，点击链接会自动识别用户附近门店，生成门店群，长按识别即可直接入群。

朋友圈内容发布：以新品介绍、品牌宣传为主。

门店自媒体账号IP的打造与运营要形成一个闭环，每次活动的目的是给IP增加粉丝的反哺，如果每次行动之后IP减粉，那就是在消耗和透支IP的资产，这样的运营行为就不是一个正向的反哺闭环。

3. 店主IP化

以店主为导向的网红店还应强化对店主IP的塑造。连锁品牌和实体商业的创始人可以打造成为一个IP，以行业、企业领袖为主，通过媒体传播、峰会论坛、内外部活动方式制造话题、事件，提升个人影响力，使受众的关注点由创始人本身逐渐过渡到其商业理念、企业的产品和服务、个人的思想和价值观，达到营销宣传的效果，为品牌赋能。

店主IP化，要注重对人设的塑造，人设塑造过程中可以使用SRIL法则（见表3-2）。

表3-2 SRIL分析法

S（Superiority，优势） 优势分析	优势包含硬件优势和软件优势。硬件优势是在一定时间内难以改变的东西，比如身高、颜值、性格；软件优势则是可以通过学习、努力来获得的优势，比如各种领域的专业知识
R（Risk，风险） 风险分析	分析在未来会不会招惹麻烦，主要考量四个维度：法律、道德观、价值观与隐藏的黑料。法律层面，不得触犯法律，挑战国家社会底线。道德观层面，不得做有违道德底线的事。价值观层面，需符合社会主义核心价值观。黑料层面，查询达人有没有隐藏的黑料，若有则随时可能导致人设崩塌
I（Information，识别度） 识别度分析	构建人设时，和其他类店主进行横向对比，对比他们之间有什么区别，寻找自身优势；和同类达人进行纵向对比，对比他们之间有什么区别，寻找自身优势
L（Liquidity，变现能力） 变现能力分析	是否拥有变现能力和品牌宣传能力，人设是否有商务合作价值

通过 SRIL 法则，分析者可从上帝视角分析店主身上每一个可能的优缺点，将它们全部列出来，做通盘分析。找到其优点及短板，加强优点，弥补或规避短板，塑造出有个人风格特点的 IP。

实体店打造 IP 不是一蹴而就的，需要持续输出和长期积累。为了持续稳定输出，需要勤于思考和反思，自律性地输出新鲜认知和观点。

IP 是流量的入口，也是交易的入口。IP 塑造成功后所形成的虹吸力，不仅能实现拓客，把顾客吸引到线下，还能通过持续的内容输出建立自己的私域流量池，产生重复消费。

★ 五、私域流量运营之会员制度与分层运营

私域社群打造，宁可"小而精"，不能盲目追求"大而泛"。哪些用户可以优先进入门店的私域流量池呢？基本筛选原则是：

第一，购买用户优先于潜在用户。

第二，复购用户优先于单次购买用户。

第三，VIP 用户优先于复购用户。

如何吸引精准高质量用户进入私域流量池？要借助会员制度和分层运营机制，实现用户的精准化运营。

1. 设计会员制度

实体店辐射范围有限，顾客数量有限，近几年又被电商分流了部分客源，加之周边竞争对手的争夺，引流的难度越来越大，客流越来越分散。

从引流成本来看，维持一个老顾客的营销费用仅是吸引一个新顾客的 1/5，于是会员运营被实体店纷纷提上重要日程，希望其成为新的引流突破口。

会员制，目的是锁定客户，通过会员制能够尽可能地留住客户，提高顾客的回头率。喜茶在小程序 /App 和电商平台中有会员入口，其会员体系包括（见表 3-3）。

表 3-3　喜茶的会员体系

小程序会员体系	会员等级	喜茶的成长型会员有 5 个等级：见习贵宾（免费注册）、进阶贵宾（1+ 成长值）、高阶贵宾（200+ 成长值）、资深贵宾（700+ 成长值）、黑卡贵宾（2200+ 成长值），消费 1 元 =1 成长值
	会员权益	会员可享受的权益包括生日五折、免配送费、随机赠免、专享折扣、积分秒杀、免费加料等。喜茶的会员可以设置权益提醒服务，通过权益曝光吸引用户复购
	储值卡	喜茶的储值卡有多种主题，最低面额 30 元，最高 888 元，可自用，可送好友。为了满足不同用户需求，喜茶也有实体卡，但仅有 100 元一种面额
	积分体系	喜茶的积分以消费获得为主，2 元 =1 积分，积分可以兑换折扣券、外卖券、抵扣券、满减券、兑换券、赠饮券等虚拟品
电商会员体系（以淘宝为例）	会员等级	喜茶的淘宝店铺共有超过 125 万粉丝，会员等级分为 5 级：新晋萌茶（0 元入会）、专家茶茶（消费满 1 元）、资深茶茶（消费满 300 元）、宝藏茶茶（消费满 1000 元）、茶茶品鉴官（消费满 2500 元）
	会员权益	包括入会有礼、专享有礼、购物积分、积分享兑、专属客服、直升铁粉、15 天无理由退货、优先退款
	积分体系	喜茶积分主要用于抵现，有多种形式可以获得，比如消费、签到、关注、生日登记、邀请入会、玩游戏赚积分、积分抽奖

利用会员体系，给予不同贡献值（消费 + 转介绍 + 活跃等）会员以不同的福利：一方面可以让贡献度高、会员等级高的客户有优越感；另一方面也可促进低贡献度会员往高等级转化，让业绩全面提升。

第一，设定会员门槛。为了保证会员的尊贵性，要为会员设定门槛值，避免将所有消费过的顾客都当成会员。如果人人都能轻易成为会员，会员的尊贵性和优越性也就无从谈起，会员制对顾客的吸引力就会大大降低。

商家应根据当地的消费标准来制定游戏规则，明确顾客需要一次性消费多少或者累计消费多少金额才可成为会员，并告知顾客会员的权利以及会员升级的具体要求。

常规的会员权利一般有两种：一种是通过会员消费来积累积分，可以进行积分兑换；另一种是会员可以比普通顾客在某些时间内或某些产品上获得更多优惠，并可以参加店里组织的各类活动，享受某些增值服务等。比如，尚品宅配的顾客可以通过消费获得对应的积分而成为会员，积分可用于兑换家居类、厨具类等产品。

第二，合理设计会员权益。对于会员享有的权益，要从商家和顾客双方角度去合理考量，不可随意设定，以免留下隐患。

比如，某洗车行开业之初为了拓客和发展会员，开展了一场大让利活动，承诺：会员只需300元就可以全年无限次洗车。结果可想而知，商家发展了大量储值会员，日常生意异常火爆，洗车的人每天都排长队，有的顾客三天两头过来洗车，有的甚至一卡多用，洗车行门庭若市。但尴尬的是，店里顾客虽然很多，商家却不赚钱，甚至于顾客越多越赔钱。

第三，做好会员档案管理。建立会员档案是会员管理的第一步，方便进行跟踪服务。在建立会员档案时，要根据顾客的年龄、性别、消费额度、消费偏好、喜欢的服务方式、对促销信息的接受情况、价值观等进行有效分类。老顾客和新顾客要进行区分，根据成为会员的时间长短进行电话跟踪，互动交流，拉近商家与会员之间的距离。

第四，定期互动，增强会员黏性。会员要定期互动，做好跟踪，避免出现沉睡会员。这需要定期监测会员的消费数据，比如以2个月为周期，如果2个月之内未消费，要对会员进行分析，了解该会员以前的消费情况和消费频率，再判断其目前的消费状况是否存在异常。如果不正常，就要进一步分析会员以前的消费记录，采取一些措施，如发信息、打电话，了解原因，以便及时采取挽留措施。

2. 用户分层运营

为什么要强调用户分层运营？因为我们的精力是有限的，不可能对每个客户平均用力。从客户角度说，如果我们只顾着给新客户优惠而忽略了老客户，那自然也会伤了老客户的心，导致老客户流失。

分层运营是客户精细化运营的一部分，根据二八原则，找出贡献了利润的80%的那部分20%的客户，更好地为他们服务。

第一，找出超级用户。所谓超级用户，首先是商家产品和服务的重度用户，需求频次很高；其次是他们在未来一段时间内有明确意愿持续消费商家的产品和服务。判定超级用户的两个关键点：一是重度用户；二是有明确的持续消费意愿。

超级用户具有四大消费特征：高复购、高消费力、高忠诚度、愿意推荐和分享。对门店而言，超级用户的LTV（life time value，用户终身价值）最高。

在人格上，我们强调商家对所有用户要一视同仁，尊重用户，善待用户，但是在商业服务上则要给予相应的区别对待。对于超级用户，要给予特别礼遇和重点对待。

第二，借助RFM模型进行客户分层。RFM模型是客户关系管理分析模式中最受关注、广泛应用的模型之一，它通过客户的最近一次消费（recency，反映活跃度）、消费频次（frequency，反映忠诚度）、消费金额（monetary，反映贡献度）三个维度的值（即R、F、M值）的高低对用户进行分层，具体可分为8类客户（见图3-2）。

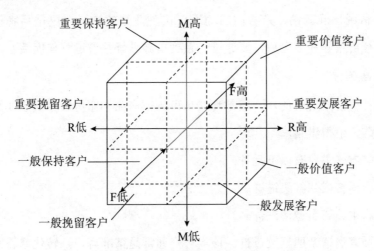

图3-2　RFM模型下的8类客户

在RFM模型下8类客户中，我们要重点找出以下四类客户予以重点营销，强化客户关系维护。

（1）重要价值客户：这类客户的最近消费时间近，消费频次和消费金额都很高，是当之无愧的超级用户，应予重点维护。

（2）重要保持客户：该类用户最近消费时间较远，但消费频次和金额都很高，说明这是近一段时间没来消费的忠诚客户，需要主动和他们保持联系，搞清近期他们没有消费的原因，设法予以挽回。

（3）重要发展客户：最近消费时间较近、消费金额高，但频次不高，属忠诚度不高但很有潜力的用户，可以重点发展。

（4）重要挽留客户：最近消费时间较远、消费频次不高，但消费金额高，可能是将要流失或者已经流失的用户，应当予以挽留。

通过客户分层运营，不仅能减少对客户的骚扰，对重点客户予以重点对待，还能降低营销成本，提高转化率和门店业绩。

★ 六、私域流量打造之社群运营与促活

我听说过这样一句话：中国所有的线下门店生意都可以用社群再做一遍。

做好私域社群营销，带给门店的不仅仅是业绩的增长，更是品牌价值的体现。私域社群搭建完成之后，要通过一系列措施做好社群运营与促活。

1. 新客留存

私域社群前期进群的，一般是那些认可店铺产品和服务质量的忠实顾客，能够产生复购，值得维系。

进群的方式主要有以下几种：

（1）店内扫描二维码进群。

（2）店主、店员邀请进群。

（3）顾客邀请亲朋好友进群。该类客户通常是精准客户，转化率较高，应予以重点维系。

（4）线上公域流量引流。

▶【案例 3-3】

某网红炸鸡店，在完成基础私域体系搭建后，将启动期的新客留存策略分为两步：

第一，顾客扫描门店桌贴二维码添加企业微信好友就送当季爆品"琵琶腿"，获赠的"琵琶腿"需要进入会员小程序领取（自动注册成为小程序会员）。

第二，在新人欢迎语里设置仅限社群粉丝可以参加的每周抽奖，强调后续每周会有社群专属福利，在吸引顾客进群的同时，也保证了社群的留存。

凭借这一条清晰的链路，仅通过门店线下客流冷启动，该店在短短数月内就积累了 3000+ 的私域核心顾客，搭建起多个品牌社群。

2. 社群激活

私域社群建立的目的是持续为门店输出流量，有必要保持社群的活跃氛围，使群成员产生信任感以及对产品、服务的认可度。

保持社群活跃度的常用方法有三种。

第一，优惠激活。喜欢占便宜是人的天性，在社群中要经常推出优惠活动，发放优惠券或社群专属优惠资格。通过丰富的优惠让利活动，做到"线上参与，线下领取，线下消费"，实现从线上到线下的引流，提高到店率，增强顾客黏性。

第二，内容激活。即通过有价值的内容输出，使之发挥粘合剂、润滑油的作用，用来调和社群氛围。分享的优质内容可以是软文，可以是专业知识，还可以是有创意的短视频。

第三，红包激活。红包是活跃社群氛围的利器，群主通过不定期发放红包，能有效提升群成员的活跃度和参与度，保持社群活力。

例如，喜茶的社群内容以产品种草、活动为主，发送的内容有固定安排，每周一至周末都会设置不同的福利活动，其周度 SOP（Standard Operating Procedure，标准作业流程）为：

周一 11∶30：产品种草；

周二 11∶30：产品种草；

周三 13∶50：积分秒杀日活动；

周四 11:10：充值活动；

周五 15:00：社群幸运大转盘（奖品主要是满减券、外卖券和赠饮券）；

周六 11:00：产品种草（借节日热点种草）。

3. 完善社群管理系统

私域社群要设置一个称职的群主或管理员，其既要具备一定的群内社交能力，能够活跃社群氛围，擅长处理各种群内关系，同时还要建立社群规则。没有规矩、各种垃圾信息满群飞的社群，迟早会走向末路。

第一，入群仪式。让粉丝获得社群归属感，从进入社群的第一时间就可以开始，比如入群介绍，或者发放入群欢迎红包。

第二，特别称呼。社群中的粉丝应当拥有特别的称呼，让社群粉丝感受到自己的特别，才能让他们对社群有更强的归属感，进而做出更大贡献。

第三，身份级别。粉丝社群经过一段时间的运营和沉淀之后，应该做进一步的成员分级和角色划分，筛选出核心成员，主要有三类（见表 3-4）。

表 3-4　社群核心成员分级

KOL，即关键意见领袖	这类粉丝在社群中有一定影响力，同时也是门店的忠实粉丝，日常消费也很可观，在专业知识方面具有一定的权威性，或者说具备让人信服的点，是社群核心价值输出的主要贡献者
KOC，即消费者意见领袖	这类人至少明面上是用户，在相关领域内也有一定的认知和见识，有时会代替群主主动回答其他粉丝的一些问题。 在社群运营的初期，消费者意见领袖可以安排内部人员潜伏扮演，运营到一定阶段的时候就要主动去挖掘真实用户中有潜力的人，努力把他们培养成 KOC，这对于双方来说都是有好处的。 对于粉丝来说，可以获得一定的成就感。而对于门店来说，通过对 KOC 的培养，一方面，可以进一步加强品牌与粉丝之间的关系；另一方面，在很多时候 KOC 可以配合 KOL 或者群主带动社群运营的整体节奏，促使更多粉丝完成转化
活跃小分队	通常情况下，一个社群可以配置一名 KOL，3～5 名 KOC，活跃小分队则可以安排 10～15 人（200～300 人规模的社群）。 活跃小分队，顾名思义，主要就是来活跃社群、带节奏，在活动、促销的时候营造氛围。当然，小分队成员活跃气氛时，要有节奏、分批次进行，把握好分寸与尺度，不可一股脑全冲上去，否则会弄巧成拙

私域社群运营需不断推陈出新，给出一些创新玩法，保持社群成员的新鲜感，提升其参与度。

　　根据社群所依托的店铺类型，除了不定期举行各种群内活动或福利发放外，还可以定期组织线下活动，交流情感。不过，社群运营的最终目的是为门店输出流量、变现，社群运营者要始终牢记这一宗旨。

第四章
裂变基因：具备持续增长能力

网红店自带裂变基因。裂变是数学里面的指数爆炸函数，即1变2，2变4，4变8的指数级增长过程，裂变增长模式是网红店实现流量破局、业绩爆炸和门店复制的核心。

从表现上讲，所有能够引导用户自发传播分享的运营行为，都可称为裂变。

从结果上讲，一切可以低成本、高效率、指数级获取用户增长的方式，都能称为裂变。

从本质上讲，裂变营销就是让老用户为门店带来更多的新用户。裂变即自传播，是复利思维的一种表现。

★ 一、网红店：天生的裂变基因

网红店自带裂变基因。

裂变是数学里面的指数函数（也叫爆炸函数），即1变2，2变4，4变8的指数级增长过程。裂变增长模式是网红店实现流量和业绩爆炸的核心。

随着流量获取成本越来越高，各行各业都在寻找低成本获取流量的方法，其中最为有效的方法就是裂变营销。借助裂变的力量，可快速实现一分二，二分四的传播效果，通过老用户裂变产生新用户，新用户又将成为下一次裂变的种子，源源不断地获取新的流量。

从表现上讲，所有能够引导用户自发传播分享的运营行为，都可称为裂变。

从结果上讲，一切可以低成本、高效率、指数级获取用户增长的方式，都能称为裂变。

从本质上讲，裂变营销就是让老用户为门店带来更多的新用户。裂变即自传播，是复利思维的一种表现。

裂变基因不仅能让网红店快速爆红，也能使其具备持续增长的能力，该能力源自其本身的裂变基因。裂变基因包括内部系统（CRM）、相关营销工具或系统等的支持，比如近年来高速增长的瑞幸咖啡，其自身的运营系统便拥有老带新等裂变功能。

2017 年底，瑞幸咖啡横空出世。在短短三年多时间内，瑞幸实现了高速裂变增长，在全国开店近 7000 家，超过星巴克的门店数量，造就一段商业传奇。

瑞幸亮眼成绩单背后的底层逻辑为裂变营销和短平快的流量打法。为了沉淀第一批用户，瑞幸推出免费请顾客喝咖啡的营销策略，用户只需下载官方 App 或在小程序端激活账号，就可以获得免费的咖啡。通过一杯免费咖啡，瑞幸沉淀了大量早期用户进入私域流量池。

为了实现第一批用户的裂变式拉新，瑞幸开展了第二步的裂变营销。用户只要下单并分享给一个新用户朋友，朋友和用户都能免费喝一杯咖啡。一生二，二生四的裂变方式为瑞幸带来了源源不断的流量，不仅减少了创意成本、降低了广告投放成本，同时将广告费奖励给客户，刺激用户更广泛地分享。

配合裂变机制的是精准的广告投放，比如在各办公楼的电梯里能看到带有汤唯的瑞幸咖啡海报，线上则是微信的 LBS 精准定投，比如刷朋友圈就会看到瑞幸咖啡的广告。

瑞幸通过裂变积累了大量私域会员，快速实现了上市，只用不到 2 年时间就成为星巴克在中国的强劲对手。

裂变营销是通过激励政策来调动每一个个体的人际关系和影响力，向身边的人传播目标信息（购买门店商品或服务），最终通过传播达到增长的目标（流量增长/业绩增长）。

裂变营销的主体是消费者，最终裂变的动作要靠消费者来完成，出发点是调动消费者的能动性。裂变营销能否达到预期效果，则依赖于多种因素综合作用。

第一，载体。载体即承载裂变营销的平台。目前效率最高、规模最大的平台当属微信。在微信生态中，支持裂变的载体共有五种，分别是公众号、微信群、H5、个人号、小程序。

第二，工具。裂变需要借助工具来推进，常见的裂变工具包括拼团、分销、邀请、砍价、转群等。

第三，邀约。即邀请用户参与的入口，比如二维码、链接、朋友圈、社群、私信、线下邀请等。

第四，创意。即裂变活动的内容策划。裂变活动要充满创意，否则用户多半不愿意参与，更谈不上传播和成长。衡量活动创意的关键词有三个：玩法、噱头和趣味。整个活动的设计要始终以用户为中心，考虑到他们的参与体验，操作流程一定要简单方便，最好做到易教、易学、适应面广，否则很容易让用户失去耐心。

第五，价值。比起创意，价值才是裂变营销的真正核心。价值建立在用户的痛点和需求之上。要把裂变做得更好，门店提供的产品、服务必须符合目标用户的需求，能够解决用户的问题，这才是核心价值。不同的消费圈层具有不同的需求侧重点，要根据产品定位和目标人群找到商家和消费者之间的平衡点。

价值要能够驱动自传播。所谓自传播，指的是"基于产品、营销或者人物、事件等自身的吸引力，而激发人们自发自愿的分享和传播"。如果用户觉得好玩、有趣，或者有利益驱动，就会自发地将产品分享到社交媒体中。然后，通过老用户找新用户，获得更大范围的扩散，自传播即流量裂变的过程。

第六，诱饵。裂变营销环节中，最重要的一个因素就是诱饵。无论哪一种裂变，诱饵都非常重要。只有诱饵足够吸引人，客户才有动力参与转发。找到最有吸引力的诱饵的前提是深入了解客户需求。设计诱饵还要具备前端思维，要考虑成本。

第七，运营。运营就是对整个裂变过程的操盘与执行，包括明确的目标和目的、流程、执行、维护、数据分析等，运营事关裂变活动能否最终落地。

★ 二、社交裂变：连咖啡的利益捆绑与裂变

社交裂变是一种利益驱动的商业模式或营销模式，通过人与人之间的社交促进产品的传播与销售，通俗来讲就是：一传十，十传百。

社交裂变同口碑裂变非常相似，不同之处在于，口碑裂变多是用户间的自发传播，社交裂变的核心则在于通过激励用户进行社交分享来实现裂变。

如何进行社交裂变？目前大多成功案例给出的答案都是"社交裂变＋利益捆绑"，以现实奖励，如价格优惠、现金回馈或能兑换现金的积分等直接利益输出作为激励手段。

▶【案例 4-1】

当前，国内咖啡连锁品牌已形成星巴克、瑞幸咖啡、连咖啡三足鼎立之势。其中，连咖啡的核心商业模式是：线上外卖＋社交裂变。

社交裂变是连咖啡的主要用户获得渠道，也是其短短数年内迅速崛起为咖啡领域头部品牌的秘密武器。

连咖啡的社交裂变方法主要有：

第一，口袋咖啡馆：游戏化分销。连咖啡的口袋咖啡馆板块依托于微信小程序。每个用户都可以开一家自己的线上咖啡馆，亲自设计装修和上架产品。

该项目上线首日，点击量高达 420 万，新开 52 万个口袋咖啡馆，销售转化率达 10%，普通用户最多一天销售咖啡高达 200 多杯。

第二，福袋：另类红包分享。福袋活动也是连咖啡社交裂变的常用玩法。

每个福袋有几十个不同类型的优惠券、万能咖啡、成长咖啡等福利。用户付款后，可以分享福袋至朋友圈，好友抽福袋达到一定人数后，用户可以额外获得0.1 杯成长咖啡。

福袋的裂变逻辑与饿了么、滴滴打车的"用户下单后给好友分享红包"方法类似，不同之处在于，福袋中加入了更适合拉新的万能咖啡、成长咖啡等有创意的玩法。

第三，拼团：一元拉新。一元拉新属于常规的拼团模式，很多电商平台都用过。咖啡属于低成本高毛利商品，采用一元拉新玩法操作空间更大，可以设计更多有趣的玩法。

第四，咖啡库：奖励货币化。连咖啡通过奖励的货币化，将上述社交玩法连接起来，形成一个闭环。连咖啡的会员积累的这些社交货币可以赠送、交易、存储。

连咖啡激励性的社交裂变玩法颇具活力和吸引力，激发了用户的分享传播热情，也最大程度地弱化了用户社交分享过程中的"铜臭味"，强化了个性、格调、品味、成长、分享、趣味、互惠等属性，让用户可以体面地社交。

社交裂变营销借助客户和资源的力量，实现快速传播、流量倍增的传播效果，通过客户的社交裂变为门店提供源源不断的新客户，裂变本身又是在为下一次裂变做准备，相当于铺设了许多点对点的裂变关系网，关系网随着社交裂变营销的推进会越来越大。

社交裂变基于信任为核心的社交型交易模式，实体店通过社交裂变可以打造和沉淀流量资产。社交裂变通常先通过卖的人（门店及店员）裂变，之后通过买的人（老客）裂变。

社交裂变的优势表现在：

第一，拉新成本低。通过老客户来获取新客户，借助社交的力量来裂变（拉新），是成本最低、效率最高的裂变模式。

如果能够为门店的产品或服务赋予充足的裂变基因和分享理由（诱因），新用户在分享诱因的驱动下源源不断地分享、扩散，门店的拉新、裂变活动就会进入良性循环的自传播阶段。

第二，信任成本低。很多企业和品牌之所以请名人做品牌代言，是希望通过名人来为品牌提供背书，降低用户对企业和品牌的信任成本。

社交裂变通过已有关系链中的熟人和半熟人展开分享和裂变，本身就是一种信任背书，消除了拉新过程中最重要的信任问题，降低了拓客的信任成本。因为人们更容易相信熟人圈所分享的消费体验和优惠信息，从理论上讲，社交裂变是信任成本最低的裂变方式之一。

第三，有利于沉淀私域流量。熟人之间相对较低的信任成本会相对提高拉新的留存率，有助于门店发展壮大自己的私域流量池，为进一步的私域营销、复购、变现打下基础。

新客留存不仅取决于老客的推荐，更取决于门店的接待水平，即其所提供的产品或服务能否让新客满意，并保持在一个较高的持续平稳的水平之上，这样客户的留存率才会保持在较高的水平，通常会高于其他渠道引流的留存率。他们是基于社交关系链的推荐而来，该过程本身已经赋予门店相应的增量价值，降低了新客的选择成本和信任成本。

★ 三、会员裂变：喜茶的会员增长系统

用户运营的尽头是什么？很多业内人士的答案是：会员运营！

营销圈还有一个广为流传的说法：一个会员的价值等同于 100 个普通用户。

设计一个独一无二的会员裂变体系，是实体店布局私域和实现流量裂变的关键所在。通过不同的会员权益，让新用户成为会员，是网红门店提高店铺转化的重要方式之一。

会员裂变思维主张让会员帮我们找 100 个新会员，再将同一个产品卖给每个新会员 100 次，能带来会员数量和店铺业绩的指数级增长，裂变效果惊人。

2023 年 1 月，喜茶发布了题为《喜茶这十年》的十周年报告。报告指出，截至 2022 年底，喜茶会员人数突破 6300 万，2022 年新增会员人数达到 1300 万。会员制对喜茶的增长和裂变功不可没。

1. 积分制

喜茶通过积分制实现与会员的深度绑定，提高回头率和复购率，提高会员的终身价值。

2017 年，喜茶推出售价 59 元、99 元、179 元的首批会员卡，前期被哄抢，后因出台"开卡 12 个月后积分自动扣除"政策而遭冷遇。其积分同消费金额的

兑换比例为 1:1，按照这一比例，顾客要达到黑金级别会员（5000 积分），就需要在一年内消费满 5000 元，合 200 杯奶茶，门槛较高，效果并不好。

为此，喜茶又推出了改良版的会员积分计划。

2019 年 1—2 月，顾客只需用 9.9 元就可以购买一张星球会员体验卡（为期 15 天），同时可获得两张买赠券和一张九折券，体验期内会员可累计两倍积分，会员梯次及权益（见表 4-1）。

表 4-1　喜茶新会员体系（积分）权益条件对比表

等　级	条件（积分）	特　权	权　益
白银	0 ～ 501	会员日消费送 5% 积分；积分和经验值兑换率翻倍	生日赠饮券；会员开通纪念日赠饮券；每月制定饮品立减券；满 150 减 5 元 ×2
黄金	501 ～ 2001	会员日消费送 10% 积分；积分和经验值兑换率翻倍	生日赠饮券；会员开通纪念日赠饮券；限定饮品 9 折券 ×2；会员赠饮券；优先券；满 150 减 5 元 ×2
铂金	2001 ～ 4001	会员日消费送 15% 积分；积分和经验值兑换率翻倍；外卖配送运费 7 折	生日赠饮券；会员开通纪念日赠饮券；限定饮品 9 折券 ×3；会员赠饮券；优先券；满 150 减 5 元 ×2
钻石	4001 ～ 7001	会员日消费送 20% 积分；积分和经验值兑换率翻倍；外卖配送运费 5 折	满 20 单赠饮券；生日赠饮券；会员开通纪念日赠饮券；限定饮品 9 折券 ×3；会员赠饮券；买二赠一券 ×2；满 150 减 5 元 ×3
黑金	7001 ～ 11001	会员日消费送 25% 积分；积分和经验值兑换率翻倍；外卖配送运费 3 折	满 10 单赠饮券；生日赠饮券；会员开通纪念日赠饮券；限定饮品 9 折券 ×5；会员赠饮券；买二赠一券 ×2；满 150 减 25 元 ×3；优先券 ×2
黑钻	>11001	会员日消费送 30% 积分；积分和经验值兑换率翻倍；会员优先报名权；外卖配送运费 0 元；商城指定商品兑换	满 5 单赠饮券；生日赠饮券；会员开通纪念日赠饮券 ×2；限定饮品 9 折券 ×6；会员赠饮券；买一赠一券 ×2；满 150 减 30 元 ×3；优先券 ×3

据喜茶提供的数据，喜茶"星球计划"上线仅 10 天，就新增了 16 万星球会

员，复购率提升 20%。

积分通过彰显消费者在门店的消费级别和消费权益来吸引顾客加入积分会员，给予消费者更加深入与精细化的服务。积分制也是一种很好的顾客营销服务方式，用来刺激消费者的回购率。

2. 会员分级制

常见的会员分级制将会员分为 VIP1、VIP2、VIP3 等多个等级，VIP1 是基础等级，所以能享受的优惠较少。VIP1 邀请成功的人数越多，会员等级越高，能享受的优惠就越多。

2019 年，在"喜茶 GO"小程序基础上，喜茶引入积分、会员特权等规则，正式推出喜茶 GO 会员。2022 年，喜茶对会员系统进行了升级，设置了见习、进阶、高阶、资深、黑卡五个贵宾等级，配置了一起喝免外送费、生日饮茶有礼、新品优先制作、喜卡享折扣等诸多福利。

喜茶采用会员成长型模式，用户注册即可成为见习会员，随灵感值（根据用户消费额度的换算值，每消费一元获得一个灵感值）增长而晋级。其中，成为黑卡会员的条件为：

灵感值≥ 2500。

有效期内有效购买次数≥ 12 次。

注册喜茶 GO 时间≥ 180 天。

黑卡会员的权益除了消费优惠以外，还拥有定制服务，可获得 2 张 30 天体验卡用以转赠朋友，用来促进用户裂变和增长。30 天体验卡可以培养用户习惯，引导新用户积极消费，进阶为喜茶的新会员。

喜茶还推出了限时集卡活动，各等级会员均可参与，他们可以通过分享、消费、一起喝等任务赢得抽卡机会，完成新一轮的用户传播与裂变。

线下实体店不同于线上销售，在进行裂变引流活动中，务必要做好成本核算。举例来说，线上销售某课件，卖给 1 人同卖给 100 人的成本基本是一样的，区别在于精力和运营投入。

而线下实体店的销售情况则不同。每卖出一份产品、服务，都要付出相应的成本。如果成本核算不准确，很可能会导致这样的局面：引来的顾客越多，亏损越多，最后不仅白忙活一场，而且还赔钱，弄不好还会把店铺拖垮。

对于会员裂变方案，方方面面的细节和成本构成都要考虑到，算无遗算，才能让顾客心甘情愿参与的同时，给店铺带来业绩和利润的提升，产生双赢的效果。

★ 四、种子用户裂变：体验、试错、传播

种子用户，即产品、服务的最初用户，第一波用户。

雷军有一个观点——"最初爱你、赞赏你的，就是核心种子用户。这些发烧友是人群中的意见领袖，而在消费电子行业中，意见领袖的评价对普通用户的购买决定有很大的影响力。"

不止是消费电子行业，各类线下实体门店也需要培养种子用户，尤其是新开的店或新开展微信社群营销的实体店。

得粉丝者得天下，种子用户是忠实粉丝，呈现出非常强的参与性，会积极主动地向身边的人来推荐和传播相关产品、服务。

种子用户特征如下：

第一，匹配性。种子用户的特征与商家的目标用户特征相匹配。

第二，忠实性。种子用户在线下为经常到店消费，在线上经常为商家点赞、评论、转发。

第三，有需求。种子用户有明确或潜在的需求。

第四，积极性。种子用户很踊跃很积极，对于产品的使用感受和完善调整建议会给予商家反馈。

第五，影响力。种子用户是某领域的意见领袖（Key Opinion Leader，KOL）具有较强的传播力和影响力。

第六，互动性。互联网时代，用户的参与积极性空前提高，种子用户更要有这种乐于跟商家进行互动沟通的特点。

种子用户的作用主要体现在两个方面。

第一，体验与试错，给出反馈。一款新产品、新服务，如果没经过部分用户的试用就直接推向市场，产品本身不完善之处就会被放大，之后的调整和再宣传都会更加复杂，导致市场成本倍增。因此，在正式推出之前，先让一部分种子用户进行体验，收集反馈信息，商家结合这些信息对产品进行调整和完善，再推向市场，成功率会更高。

第二，传播，并带动口碑效应。种子用户体验后，会通过自己的社交圈进行分享和传播。由于前期的参与，种子用户对于产品、服务具有天然的情感，他们会自发地进行积极正向的传播，带动口碑效应。

如何得到优质的种子用户，完成"冷启动"和用户裂变，是很多实体店都会面临的问题。

瑞幸咖啡早期冷启动时，非常注重种子用户的获取。

在线下渠道，瑞幸选择的切入点是各大写字楼，相对于封闭的居民社区，写字楼虽然同样相对封闭，但内部人群之间具有更强的互通性，一家公司、一间办公室只要获取一个有效用户，很快就能带动一群客户，职场中的强关系会让他们自发传播。

如何将信息传达给写字楼白领呢？瑞幸投放的是电梯间分众广告，以首单免费的诱惑信息吸引第一批种子用户，再通过"拉一赠一"的方式刺激他们进行裂变传播，获得病毒式增长。

正常情况下，只要将这种推广模式循环两个月，瑞幸门店就会成为所在商圈生意最好的咖啡店。

在线上渠道，瑞幸获取种子用户的方法也非常简单粗暴——直接在微信朋友圈进行 LBS 精准定向广告的投放。朋友圈广告内容是这样的："今天星期 ×，送你一杯大师咖啡。点击后输入手机号，即可免费领取大师咖啡 1 杯，但需要继续下载 App 才能使用。"

新店开业后，瑞幸会在朋友圈反复投放 LBS 广告，曝光效果和互动（用户点赞、评论、领券）效果极好，客户在朋友圈可以领取 24 元代金券，可在瑞幸所有连锁门店或外卖渠道抵现使用。

第一批种子用户看到朋友圈广告－领券－支付购买－分享朋友圈，形成了一个完善的裂变链条。

通过线上线下的广告轰炸，瑞幸咖啡门店快速吸引了一批种子用户，再借助激励措施，将更大范围的顾客吸引进来，实现进一步裂变。

如何获取种子用户？要找到目标客户群的特征以及活动场所，这些知名品牌的种子用户来源会给你启发——

Airbnb 的种子用户是"住不上酒店的外地参会者"，滴滴打车（司机端）的种子用户是"京郊出租车师傅"，优步中国（乘客端）的种子用户是"三里屯的外国人"，Facebook（现已更名为 Meta）的种子用户是"哈佛大学的学生"，知乎的种子用户是"创始人的科技圈朋友"，辣妈帮的种子用户是"深圳一家妇幼保健院的宝妈"……

拓展种子用户，要尽可能给予用户一些特殊的礼遇，比如：

第一，给名。即给予相应的荣誉，比如 VIP 会员、创始会员等，满足其虚荣心。

第二，给利。需要有相应的利益刺激机制，激励种子用户去主动传播、裂变。

第三，设门槛。符合一定条件的才可视为种子用户，此为设门槛。同时要限制种子用户的名额，此为限名额。有所限定，用户才能更加珍惜。

第四，参与感。邀请种子用户参与社群建设、讨论、管理，不定期组织线下活动，联络感情，保持种子用户的活跃度。

★ 五、拼团裂变：拼单模式做增长

拼团裂变，顾名思义是指两个及两个以上的人一起拼团，用户发起拼团，通过社交的方式分享给好友，好友参与拼团，共同以低于单品价购买某种商品或服务，邀请者和受邀者都可以获取拼团价。

拼团模式，是通过分享进行"老带新"的裂变引流手段，既能引流拉新，也能促进销售。但只要一次成团，传播即告结束。

拼团活动可以线下举行，针对线下到店顾客或会员顾客，也可线上借助微信小程序举行。

1. 线上：小程序拼团裂变

微信小程序等载体自带流量，可以作为裂变的基础要素之一。

拼团价通常较低，以薄利多销的方式吸引顾客，但并非没有利润。商家可以通过扩大销售量、批量采购的形式来降低成本，只要拼团量可观，也能获得不错的利润，同时还能带动进店客流，促进关联消费。

2018年，连咖啡团队自主开发了一套微信拼团小程序，拼团的玩法很简单，步骤为：

第一，选择商品，开团或拼团；

第二，付款后邀请好友参团；

第三，达到拼团人数，顺利开团；

第四，若2小时内拼团不成功，全额退款。

这种拼团模式其实就是"老带新"——老用户邀请身边的新用户参与拼团，本质上是一场利用小程序的拉新裂变活动。

2018年4月10日，连咖啡正式上线了这款"拼团"小程序。在毫无预告，几乎没有外部推广的情况下，这款拼团小程序在连咖啡的服务号底部自定义菜单上线。上午8点30分左右，连咖啡服务号推送了一篇关于新品"牛油果雪昔"的宣传文章，其中介绍的"拼团"玩法被迅速引爆，小程序当天就创造了近300万PV（Page Views，页面浏览量）。

据连咖啡市场总监张洪基称，"拼团小程序上线3小时内，有近10万人成功拼团，几乎是在半天时间内，我们为新品牛油果雪昔准备的2周的储备库存就消耗完毕，不得不临时关闭了新品拼团活动。"

上线当天，拼团小程序还为连咖啡服务号引流近20万，其中超过三分之二是拼团成功后关注的。

小程序拼团模式下，门店让出足够的利益，设计引流品作为诱饵，零利润甚至亏本开团销售，让老顾客带动新顾客进店购买拼团产品，同时让引流品带动店内其他产品的销售，目的是获得更多的精准客流，实现流量裂变和业绩裂变。

小程序的费用不算太高，一般商家都可以承受。其费用体系一般包括：

第一，小程序申请费用。微信小程序申请费用为300元，如果商家已经拥有认证过的微信公众号，则可以免费申请。

第二，小程序开发费用。分为两种情况：使用小程序模板。通常在千元到数万元不等，具体要看页面的多少和功能的复杂程度，比如，餐饮酒店类的预约性小程序，一般数千元即可搞定，因为可以直接套用模板，需要重新开发和创新的模块并不多；开发定制小程序，适用于功能复杂的小程序，开发费用一般万元起步，周期相对较长。

2. 线下：社区团购裂变

社区团购，是基于社区邻里之间互信的一种新型团购商业模式，主要依靠微信群进行推广裂变，旨在为用户提供高性价比、低价格的优质产品。

社区团购在接近消费者的最后一公里竞争中具有明显优势，可直接将商家的产品销售给终端消费者，免去中间环节。

社区团购通常有三方参与者：

第一，团购平台。即开发社区团购平台的企业，比如腾讯推出的每日优鲜、美团推出的松鼠拼拼、京东推出的友家铺子、阿里巴巴推出的盒社群。苏宁易购和其他各类区域性零售企业也在组建自己的团购平台。

通过社区拼团，团购平台可以直接将触角伸向全国范围内的终端消费者，借助团长和微信群的力量同社区用户建立紧密连接，提高传播率和转化率。

社区团购采取的是"以销定采"的预售模式，不存在囤货风险，能极大地降低库存和物流成本。

第二，社区消费者。社区消费者愿意参与团购，根本原因是能够获得物美价廉的商品。

第三，个体实体店（团长）。社区团购的铺开，除了依赖自己的线下门店外，还需要借助外部团长的力量，团长多是其他独立的线下实体店。

实体店之所以愿意加入社区团购系统，一是能够开源，增加收入；二是能够引流，实现线上、社区用户向店内的引流、转化。

尤其是对于社区实体店，日渐盛行的社区团购模式让消费者绕过了实体店，本就不多的客流又被分流，会大大加剧实体店的经营困境。因此，主动出击，加入社区团购的阵营，有助于实体店解决客流荒的问题。

有实力的线下店铺也可以打造自己的专属社区团购系统。

▶【案例4-2】

浙江安吉和家超市有限公司成立于2018年4月，当年10月上线全渠道超级零售系统，开展社区团购业务，仅仅不到一年时间，就在安吉城区开设了3家实体门店，建立了100多个微信社群、200余个线下自提点，仅社区团购会员就有3万多人，日均营业收入近5万元。

和家便利店社区团购的操作模式为：

第一，团长每日在各自微信群发送当日团购的小程序链接；

第二，社区会员在群内下单；

第三，为了确保商品次日送达，每日团购活动结束后，消费者订购的各类商品都会连夜分发分拣到各个自提点，抵达距离消费者的最后一公里。

和家便利店借助社交团购实现了较低的获客成本，得到了会员顾客的信任，转化率逐渐提高，销售额每月都有增长。

拼团模式同社区团购模式的区别在于：社区团购中，除非是自主打造的团购系统，实体店多处于非主导地位，只是团购活动的一个环节、一个参与方，自主性有所欠缺；拼团促销由实体商家主导，可以掌控活动的频率和进度，更为自主灵活。

★ 六、门店裂变：瑞幸咖啡的疯狂开店之路

相对单店流量裂变、客户裂变，网红店还有一种更高级的裂变玩法——门店裂变。

实体店走红后，往往会走向门店扩张之路，这是品牌走向连锁化的核心路径，能够复制单店成功经验，提升整体利润和品牌影响力。

2017 年 10 月，瑞幸（luckin coffee）在北京银河 SOHO 开出第一家自营店，当时国内线下咖啡连锁第一品牌星巴克已在中国拥有近 3000 家门店（自营、加盟各占 50%）。

2018 年 1 月 1 日，瑞幸门店扩张之路正式开启，陆续在北京、上海、天津等 13 个城市试营业。试营业期间，瑞幸咖啡累计完成订单约 300 万单、销售咖啡约 500 万杯，服务用户超过 130 万。

2018 年 5 月，瑞幸完成门店布局 525 家，经过 4 个月产品、流程和运营体系磨合，5 月 8 日宣布正式营业。

截至 2019 年 3 月末，瑞幸在中国 28 个城市开设了 2370 家门店，并计划在 2019 年大幅增加门店数量。

2019 年 5 月 17 日，瑞幸咖啡登陆纳斯达克，融资 6.95 亿美元，公司市值约 42 亿美元。

2019 年第四季度，瑞幸单季新开门店 1109 家。截至 2019 年底，瑞幸咖啡直营门店数达到 4507 家，交易用户数突破 4000 万，App 持续霸屏 App Store 美食佳饮排行榜首超过 200 天，门店数量首次超过星巴克。

2020 年，财务造假和退市严重伤害到瑞幸的品牌及运营，但并没有令其"轰然倒塌"。在关闭数百家效益不佳的门店后，2020 年末门店数（4803 家）略高于 2019 年末。

进入 2021 年，瑞幸新开门店数又开始逐季增长，年末门店数 5671 家，全年净增 1221 家。截至 2022 年 9 月末，瑞幸门店数 7846 家，同比净增 2175 家。其中，加盟店达 2473 家，占门店总数的 32%。5737 家自营店中的绝大多数是"提货点"（2021 年报披露，自营店中 97% 属于 pick-up stores）。

2022 年，瑞幸营收持续增长，经营利润连续为正，前三季总营收接近 96 亿元人民币、同比增长 73.5%，经营利润 8.43 亿元人民币，交出了亮眼的经营成绩单。

瑞幸是近年来咖啡市场中最亮眼的一匹黑马，它从外送与自提场景入手，以极快的门店裂变速度，在星巴克占据统治地位的线下咖啡零售市场硬生生开辟出一个量级市场。

为什么要开这么多店？瑞幸咖啡创始人兼 CEO 钱治亚的解释是："我们需要在短时间内尽快达到一定门店密度，这样既有利于提高客户的便利性，也有利于我们提高营销效率和运营效率，便于验证我们的新零售商业模式。"

瑞幸的门店裂变模式，是其品牌定位、商业模式、资金和运营等多重能力组合共同发力的结果。

第一，瑞幸的商业逻辑。瑞幸野蛮生长的背后，是其差异化的市场定位、商业逻辑和另辟蹊径的进击方式。面对星巴克、Costa 等传统咖啡品牌对于空间和社交场的注重，瑞幸选择了非正面竞争，从外卖配送入手，以低价优势进军市场。

在错位竞争中，瑞幸正中传统咖啡门店的用户痛点—咖啡价格贵、购买不方便，瑞幸的门店经营模式以支持自取和外送的快取店为主（占比在 90% 以上），配合少量优享店和外卖厨房，主要服务于有外带需求的用户。区别于星巴克、Costa 普遍 30 元以上的售价，在瑞幸，顾客只需十几元甚至更低的价格，就能买到一杯同类型的咖啡。

第二，较低的单店成本。在早期市场启动阶段，瑞幸单店资本成本为 48.73 万元，其中装修成本为 18.9 万元，咖啡机采购成本为 23.2 万～ 34.8 万元，单店资本支出远低于星巴克（320.66 万美元）。

第三，严格的运营成本控制。2019 年第三季度的财务报告显示，瑞幸首次实现店面层面的盈利，盈利额 1.86 亿元人民币。瑞幸在店面层面转亏为盈，与其对运营成本的严格控制有密不可分的关系。一方面，互联网的接入使线下店成了单纯的取货点，改变了以往咖啡零售的成本结构。星巴克的店铺租金及店铺运作费用占到其总成本的 47.0%，而瑞幸仅为 14.5%。在技术层面的支持上，人力成本也大为降低。瑞幸没有收银台，全程交易通过 App 进行，既精减了人员，也让订单数据的可控性更高。另一方面，将技术与管理系统和供应链相结合，进一步提升了决策速度和运作效率，控制了运营成本。

第四，烧钱＋补贴的扩张模式。瑞幸咖啡的创始人钱治亚曾任神州专车董事、副总经理，深谙互联网企业的"烧钱"战法。瑞幸咖啡起初就非常高调，一路高歌猛进。通过铺天盖地的宣传、不计成本的投入迅速抢占了市场。高密集的店铺布局是对线下服务的支持和补充，大批量的用户补贴则是对线上流量的吸引和巩固。

"烧钱＋补贴"的商业模式之所以能够奏效，在于互联网思维中有一个壁垒，叫做"网络效应"。用户越多，越有价值，越有价值，用户越多，一旦用户总数突破一个临界点，就会最终进入赢家通吃的状态。在互联网竞争中，真正竞争的其实不是谁先走到终点，而是谁先走到中间的临界点。

支撑瑞幸进行大肆烧钱扩张的，是其强大的融资能力：

2018 年 4 月，瑞幸进行了天使轮融资，融资数千万美元。

2018 年 7 月，A 轮融资，融资 2 亿美元，总估值 10 亿美元。

2018 年 12 月，B 轮融资，融资 2 亿美元，总估值 22 亿美元。

2019 年 4 月，B+ 轮融资，融资 1.5 亿美元，总估值 29 亿美元。

2019 年 5 月，IPO 上市，融资约 6 亿美元，公司市值 42 亿美元。

瑞幸咖啡在关键节点共融资约 12 亿美元，保证了商业版图的快速扩张。

门店裂变既是线下实体店在发展过程中的必走之路，也是一条十分艰难的路。因大举扩张门店而"亏钱""倒闭"的网红品牌也不在少数，即便是瑞幸，也在门店扩张中走了不少弯路，出现了诸多问题。

对于网红品牌来说，如何在单店和多店、规模和效益之间找到一条均衡健康发展之路，才是最需要去深度思考和理性探索的。

第五章
网红店数据能力：反转经营逻辑

在互联网时代，消费者的每一次浏览、每一次消费都会留下痕迹，"凡买过，必留痕"，消费者留下的消费痕迹即数据。

包括喜茶、奈雪的茶等国内新式网红茶饮品牌，都在积极收集、分析用户数据，进行数字化转型，用数据赋能品牌经营，描绘精准的用户画像，为品牌营销、品牌决策甚至品牌战略等提供重要的参考依据。

数据能力，是网红店竞争力的一个重要构成部分。

★ 一、用户数据：实体店最宝贵的资源

人类社会已不可阻挡地进入大数据时代，每个人都是信息、数据的制造者和传播者。

在互联网时代，消费者的每一次浏览、每一次消费都会留下痕迹，"凡买过，必留痕"，消费者留下的消费痕迹即数据。

利用数据了解消费者、分析消费者的喜好已成为各行各业提升经营能力和服务能力的重要一环。

欧莱雅亚太 / 中国数字营销合作总监陈歆涵曾公开表示，欧莱雅每天会在36000 个网站上抓取超过 1 亿条公开数据，快速分析消费者的最新喜好，随时随地监测动态，更深入地理解趋势。

宝洁公司为了洞察消费者心理，成立了一个名为"消费者村"的消费者研究机构，专门研究消费者购物习惯与消费心理，为其进行产品和服务方面的创新提

供重要的参考依据。

知名咖啡连锁品牌星巴克很早之前就在灵活运用数据，甚至被称为一家数据公司。星巴克根据对会员的精准画像推出灵活的奖励政策以及专属个性化服务，不仅满足了消费者个性化需求，刺激和提升会员消费水平，也强化了品牌效应。

包括喜茶、奈雪的茶等国内新式网红茶饮品牌，也在积极收集、分析用户数据，进行数字化转型。通过移动化、数字化工具，实现消费者的线下线上运营、数据收集分析，描绘精准的用户画像，为品牌营销、品牌决策甚至品牌战略提供重要的参考依据。

据奈雪的茶 CTO 何刚介绍，奈雪的茶在 2019 年即开始了基于用户数据的数字化营销：

首先，对于线上用户，主要借助各种小程序、App 等工具与用户互动。

其次，把工具推到有流量的地方，包括公域、私域流量平台，同外部的头部流量平台比如美团、微信进行流量互换。奈雪的茶还跟招商银行做过多次流量互换。

这些工作做完之后才能开始做用户的会员运营、精细化运营。精细化运营涉及用户的很多阶段，首先是拉新，然后是转换，留存，提升复购率，再到唤醒僵尸客户，包括忠实会员，最终形成社交裂变。在所有环节打造各种小工具，确保同客户随时随地保持互动。

上述动作完成之后，才产生了所谓的数据，即数据沉淀。对于沉淀的数据，奈雪的茶主要做了以下几项工作：

第一，数据统计。看昨天销售情况怎么样，用户昨天的活跃度怎么样。

第二，做分析。分析出为什么会这样，这叫根因分析。

第三，做预测。根据分析结果去预测，假设做一个新的活动效果怎么样。

第四，做决策。预测的下一步，通过数据的挖掘可以帮助决策。

第五，做执行。根据决策来指导下一步行动，使其真正发挥价值。

数据能力已经成了网红店竞争力的一个重要构成部分，用户数据对线下实体门店的商业价值表现在以下几个方面。

第一，读懂消费者。数据记录和数据分析有助于商家读懂消费者的心理和需求，了解他们的兴趣、购买力、消费经历，为消费者打上各种个性化标签，以此作为互动、推介等精准营销的后台引擎，提高服务的针对性和效率。

第二，进行消费模拟。借助数据分析技术，商家可以将消费数据进行储存、分析，通过对交易过程、物流配送、产品使用、售后互动的数据化建模，可以对目标消费人群的未来消费行为作出判断和预测。还可通过模型模拟来判断基于不同变量（比如不同地区、不同促销方案）何种方案的投入回报最高，让商家提前采取应对措施，提高运营效率，降低成本。

第三，完善消费者关系管理。实体店突破经营困局，需要强化商家同消费者之间的链接，加强消费者关系管理。依靠数据技术，商家可以从不同角度、不同层面深入分析消费者、了解消费者，增加新客户、提高客户忠诚度，降低客户流失率，提高客户消费额度等。

第四，进行个性化精准营销。依据用户数据分析和消费者画像，商家可以针对消费者开展个性化营销推送服务，降低不必要的营销支出。日本知名服装零售品牌优衣库会搜集储存相关消费信息，例如消费者经常买什么款式的服装，去哪个店消费，消费频次多少，然后精准推送优惠券给相应用户。

以精准的用户数据为依托，实体店的营销推广行为将更加高效，可以做到在适当的时机、用适当的方式、以适当的价格向消费者推荐他们最可能购买的商品。据统计，亚马逊 40% 的销售收入来自基于大数据的营销推广。

传统实体店所面临的客流少、商品缺乏竞争力、受电商冲击、商铺租金上涨等痛点，只是表面现象，从深层次看，其缺乏的是对消费者的有效洞察和触达，缺乏的是对用户数据的沉淀及分析能力。

借助用户数据，可通过消费者行为数据洞察客户意向，基于不同阶段制定相应的运营策略，以便选择最佳的推送渠道、匹配用户需求的内容做触达。门店也可通过 CDP（Customer Data Platform，客户数据中台）已对接的营销渠道，根据不同的用户标签组制定不同类型的客户旅程，为客户构建独特的自动化交互体验，将触达后的客户行为数据实时反馈到 CDP，及时调优，不断丰富用户画像。

★ 二、数据收集：线上 + 线下同步进行

客户的一切动作和行为，不论发生在线下还是线上，都可以被观察、记录、分析、预测，生成用户数据。

1. 客户数据类型

客户数据包含三种类型。

（1）个人信息数据。客户个人信息包括姓名、性别、年龄、联系方式、邮箱、职务、收入、消费偏好等。个人信息数据是否完善和准确，决定了客户数据能否成为门店的有效资产。

（2）行为数据。行为数据（见表 5-1）反映的是客户在消费中的选择和决策过程，可用来洞察客户对门店产品、流程和服务的综合消费体验，门店可通过CDP（Customer Data Platform，客户数据中台）等工具记录顾客的行为路径并进行关联对比，全方位了解并追踪用户行动，生成相应的用户数据，加以利用。例如对一个在线上线下渠道都有消费记录的客户，可以根据消费数据记录分析其喜好，在线上进行个性化推荐，帮助用户减少决策时间，实现追销和二次转化。

表 5-1　用户行为数据的"4W+2H"

Who	除客户基础信息外，还包括客户访问终端的信息，例如手机端（手机号、设备号、OpenID、UnionID）、PC 端（Cookie、MAC 地址）、摄像头端、物联网端
When	行为发生的时间、时长、频率、频次
Where	线下（门店、时间）、线上（用户来源渠道、用户所在页面位置）
What	内容（图片、视频、音频）、产品（按照品类 / 价格拆分）、功能（按照子模块细分）
How	内容互动（浏览、滑动、点击、点赞、评论、分享、私信、加好友等）、产品互动（浏览、加购、预约、留存、下单、支付、退换货等）、功能互动
How much	消费金额、消费类型、商品明细等交易数据

（3）反馈数据。反馈数据是客户对门店产品、服务真实看法的第一手资料，一般通过线上咨询、线下接待、调查问卷或售后反馈获取。

2. 客户数据收集

对客户数据的收集，线上线下需同步进行。

（1）线上数据收集。线上平台，消费者的每一次搜索、点击、浏览、咨询、购买、评价、晒单等行为，都会被一一记录。

大数据技术在消费领域的应用，使得消费者的每一次搜索、点击、浏览、咨询都能得到个性化的关心、回应与帮助，曾经线下消费才有的情感纽带，在线上也由于大数据的运用而出现。这种情感上的呼应不会夹杂任何偏见和歧视，更不会因线下营业、导购人员的个体素质和心情状态差异而让消费者受到不公平对待，大数据支撑下的新型门店，能为消费者提供始终如一的服务。

用户数据线上获得渠道主要包括微信公众号、H5、小程序、品牌 App 等。

小程序是门店用来收集线上用户数据的主要渠道。小程序基于微信平台而生，本身就自带流量优势，能够直达用户需求，获客成本较低。实体店可以借助小程序的线上流量抓取裂变自己的用户，整合支付、社交分享、同城配送、门店定位等功能，打造集会员识别、自助埋单、数据沉淀、精准营销、服务提醒为一体的新型商业模式，更快地实现用户、门店和线上商城的互通，在提升用户体验感的同时增加门店销量。

在喜茶推出小程序"喜茶 GO"之前，能够收集到的只有线下用户数据，用户在线下消费后，其实并不会留下多少痕迹。有了小程序以后，喜茶线上线下的用户数据通道开始打通。

小程序"喜茶 GO"收集的用户数据，除了提高销量和营收，还可以成为分析用户购买行为的依据，在获取用户画像的同时细化消费者的消费颗粒度，加深与消费者的链接。

小程序将喜茶门店的收银机、出票机等系统数据全部打通，形成了全链条的数字化。另外，在内部管理上，喜茶还启用了企业微信，用实名制和标准化审批流程提高沟通效率，每一个部门的人在经营、工作中形成的数据孤岛也开始被打通。

最后，所有的用户数据最终都被汇聚到喜茶的 IT 架构基础——腾讯云上，反馈到产品和服务上，更好地服务用户。

小程序"喜茶 GO"能够精准触达用户，精确描绘出用户画像，并得知用户口味，反馈给门店。根据这些数据，门店会调整销售策略，提升决策效率。

（2）线下用户数据收集。线下用户数据主要源于实体门店，数据收集渠道主要有三个。

①门店运营数据。借助收银系统，统计汇总从门店、支付、储值、会员、订单、数据等各个环节收集到的运营数据，统一对所有门店进行数据化管理，打通品牌的全链路数字化。

②店员收集。实体店在数据采集上有独特优势，可借助店员同智能终端相结合，采集全线上平台采集不到的数据，比如阿里的大数据，其实包含了虚假数据，它检测不到人的身高、体重等，这些数据只有通过门店智能硬件，由店员来采集。

作为门店数量超过 400 家的母婴品牌，孩子王从导购入手，将员工 IP 化，几乎 80% 以上的员工都拥有国家认证的育儿证书。当用户迈进一家孩子王的门店，前来接待的不再是象征着推销的导购，而是代表着专业能力的育婴员、育儿顾问，首先就提升了品牌及产品的可信度。

如果有新客到店，导购会提供全程的购物陪同，其间除了提供育儿知识科普、商品推荐外，还会引导下载孩子王 App、添加导购企业微信，进而推送公众号、社群等，利用新客福利如一元购等做销售钩子，在入会时完成首购，同时完成对用户个性化数据的收集，一气呵成。

孩子王建立起以育儿顾问为中心的社交关系网，品牌可以多次反复触达用户并深入交流。由"专家"进行沟通，与"粉丝"建立联系、取得信赖，形成强情感链接，一步步占领用户心智，一步步沉淀用户数据，转化率和用户黏性自然提升。

③借助技术手段。门店还可以通过多种技术手段，比如借助热成像技术、红外感应客流统计技术、视频客流统计技术等，在门店设置各种传感器融合来感知、收集和分析客流等运营数据，为门店的标准化管理和智能化运营提供数据基

础，辅助商业决策。

使用视频客流统计技术时，要避免违规违法。尤其是人脸信息，是个人重要的隐私数据，甚至可被作为账号密码来使用。国家市场监管总局发布的《个人信息安全规范》中规定，人脸信息属于生物识别信息，也属于个人敏感信息，收集个人信息时应获得个人信息主体的授权同意，否则就会触犯法律。

▶【案例 5-1】

2021 年 3 月，江苏省张家港市场监督管理局在进行专项排查时发现，名创优品等门店存在安装人脸识别摄像头违规收集顾客信息的情况，对相关涉事单位进行立案调查。

据悉，涉事的名创优品门店内安装有"人脸识别"系统，该系统同门店店长使用的"名创巡店"手机 App 连接。消费者进店后，系统能够立马识别出是否为新顾客，以及顾客的性别、年龄等信息，甚至能报告熟客第几次到店，从而自动将顾客识别并打上"新顾客第一次到店""熟客第 11 次到店""会员"等标签。而这些信息，顾客毫不知情。

在 2021 年央视"3·15"晚会上，被曝光非法收集客户人脸信息的门店还有科勒卫浴、宝马、MaxMara 等，都遭到了相应处罚。

实体店采集消费者的数据无可厚非，名创优品、科勒卫浴、宝马、MaxMara 的案例也给予我们一次警醒，无论采用什么营销手段，都不允许越过法律的红线。

★ 三、数据分析：改善门店运营效果

阿里巴巴集团技术委员会主席王坚写过一本书叫《在线》，他在书中指出："大数据这个名字并没有反映出数据最本质的内涵，其实叫错了，真正的数据必须要做到在线，仅仅有大数据是不够的，还必须是活数据。"

数据能否被活用，能否做到实时处理，这是大数据产生价值的基本判定标准。实体店收集用户数据不是目的，要使之成为活数据，做好数据的实时处理和分析，利用分析结果改善门店运营。

据不完全统计，76% 的门店经营者认为分析每日、每周、每月的各维度转化率指标非常关键；48% 的门店经营者在入口处安置了客流统计仪；54% 的门店经营者通过客单价水平来管控门店的商品结构；41% 的门店经营者通过客单数和连带率制订门店的主题促销活动方案；33% 的门店经营者通过回头率和会员贡献来制订会员促销方案。

基于门店用户的数据分析结果，能够直接用来改善门店运营，提升经营效率和门店业绩。用户数据分析大致包括以下几个方向。

1. 数据类型

通过线上渠道和线下门店收集到的数据主要有以下几种（见表 5-2）。

表 5-2　零售商的数据类型

数 据 类 别	细 节 数 据
线上数据	访问量（Page Views，PV）、平均浏览时长、新 UV 比例、跳出率、转化率、流量来源（搜索、直接、连接、地区、推广）、网页打开时间、网站热点、搜索分析等
ERP 数据	订单量、客单价、毛利率、二次购买率、忠实顾客转化率、顾客流失率、动销率、缺货率、商品价格变化、SKU 数量变化、周转率、退货率、品类销售占比、会员注册量、注册会员转化率
回访数据	投诉分类、UI（User Interface，用户界面）印象、品类印象、价格印象、网站功能印象、物流体验印象、售后印象等

以上数据不是孤立存在的，而是相互关联的，要予以综合考量。例如，在分析促销活动效果时，还要综合分析访问量的变化、注册下单转化率的变化，以及促销商品和正常商品销量的变化，才能得出准确结论。

2. 门店数据分析的六大指标

数据统计与分析在实体店的经营管理中起到了不可或缺的作用，重点要分析一下客流量、进店率、成交率、客单价、连带率、复购率这六大指标。

第一，客流量。指单位时间经过店门口的人数。这一指标同所处商圈人气、天气、节日等有关，属外部因素，很难改变，门店可以通过线上引流措施来增加客流量。

第二，进店率。即单位时间内从店铺门口经过的客流量与进入店铺内的客流量的比率。这一指标同所处商圈、时间点、店铺业务、品牌知名度、店内人气、活动促销、门店装修、门头宽度、进门方便性等因素相关。

第三，成交率。影响成交率的因素也有很多，包括产品类别、产品价格、产品款式、产品质量、品牌知名度、导购人员、门店装修、店内布局、活动促销等因素有关。

第四，客单价。指一定时间内，平均每一个顾客购买商品的金额，即平均交易金额。

客单价 = 销售总额 ÷ 顾客总数

第五，连带率。指销售的件数和交易的次数相除后的数值，反映的是顾客平均单次消费的产品件数。主要影响因素包括产品组合摆放、活动促销、导购人员。在低客单价产品中，前两者的影响因素较大；在高客单价产品中，导购人员的影响占比很大。

第六，复购率。即重复购买率，即所有顾客中，消费次数超过一次的顾客的比例。重复购买率越高，代表顾客对该门店的产品、服务越忠诚。留住一个老客户的成本要比吸引一个新客户低很多，这些老客户对店铺来说至关重要，其主要影响因素包括会员营销体系、购买体验、售后服务、品牌认知、促销活动。

通过对以上数据的分析，可以发现门店运营中存在的问题并做出改进。

例如，通过客流统计和客流分析，可以清晰地看出客流的变化规律，掌握客流高峰；通过客流量的变化与营业额的比对，可以对店铺产品做出评估，调整产品种类；通过客流量的变化与营业额的比对，可以更好地评估店员的销售能力；通过客流统计系统，可以更好地选择促销活动地时间，评估宣传效果；通过分析客流量的变化规律，有助于做好员工的排班工作。

进店率一般跟陈列、店铺氛围有关，连带率与员工的服务意识、搭配技巧、销售技巧有关，成交率考验的是员工的服务技能及销售专业度，复购率考验的是门店的会员体系、维护体系等。若想提高进店率、成交率、连带率、复购率，就需要从以上关联要素入手。

门店的客单价反映的是店铺顾客的消费承受能力，多提供一些在消费者承受能力范围的产品、服务，有助于增加营业额。实体店老板可以将平均单价作为订货的参考价格，用低于平均单价的产品吸引价格敏感顾客。

3. 基于 RFM 模型进行用户分析

RFM 模型通过对某一个用户的消费时间（Recency）、消费频率（Frequency）和消费金额（Monetary）三项指标来分析客户对门店的价值，也就是基于一个理想的客户特征来衡量现实中客户价值的高低。

▶【案例 5-2】

为了在线上场域对用户进行精细化运营，星巴克（中国）根据 RMF 模型，对不同会员类别展开针对性运营，来提升会员的忠诚度和价值度。

星巴克会从最近一次消费时间（Recency）、消费频率（Frequency）和消费金额（Monetary）三个维度进行数据收集。在数据分析上，根据消费金额高低划分重要客户和一般客户；根据消费频次和最近是否消费划分价值客户、保持客户、发展客户和挽留客户，最终将会员分为 8 个类别。

在会员画像清晰化后，星巴克会进行会员分层运营的数字化落地运用，对于各类别用户展开有针对性的会员运营，以提升用户终身价值，谋求忠诚顾客带来的长期回报，同时使各类用户向重要价值用户的方向发展。

星巴克在会员运营方面，借助数字化分析工具对用户进行了深耕细作，取得了突出的成效。数据显示，尽管受到疫情影响，但星巴克会员数量从 2020 年第四季度直线攀升，至 2022 年第一季度，其 90 天活跃会员数量达到 1800 万。星巴克在中国市场的销售额会员贡献占比从 2021 年第二季度的 72%，提升到 2022 年第一季度的 75%。

通过 RFM 模型进行用户分析，找出那些最有可能成为品牌忠诚客户、对门店贡献值最高的群体，把主要精力放在最有价值的用户身上，实现精准的营销以及用户维护，驱动业务增长。

★ 四、360 度用户画像：多维度定义消费者

交互设计之父阿兰·库珀（Alan Cooper）最早提出了用户画像（persona）的概念，在他看来，"用户画像是真实用户的虚拟代表，是建立在一系列真实数据之上的目标用户模型"。简单来讲，用户画像即商家通过对客户各方面信息与数据的收集，将之整合为一个具有独特气质和鲜明个性的画像。

我们在描绘一个人时，通常会抓住其最显眼的标签特征，比如双眼皮、长发、圆脸，经过这样一番描绘，就有了一个人物大致的形象。同理，所谓用户画像，就是通过数据标签构建出来的用户形象。品牌通过对海量数据信息进行分析，将数据抽象成标签，再利用这些标签将用户形象具体化，最终形成的就是用户画像。

用户画像强调的是一群人，是对群体宏观的把握，体现了群体的共性，是在单一 / 组合维度识别下，弱化群体中每个个体的形象与特色，突出某一类用户的共有特征。

被作为样本的用户必须是真实存在的用户，而不能是商家、品牌方臆想出来的客户，或者将自己视作客户，代替客户发声，这样做的后果是：商家精心提供的产品或服务，真正的客户并不买账。

Google Buzz 问世之前曾做过近两万人的用户测试，但这些用户都是 Google 内部的员工，测试中他们对于 Buzz 的很多功能都表示肯定，认为产品使用起来非常流畅，但当产品真正推出之后，却意外收到来自实际用户的抱怨。

用户画像可以使产品的服务对象更加聚焦，更加精准。我们很难想象，有一种产品能够覆盖所有的客户——男人女人、老人小孩、专家小白、文艺青年……这样的产品要么毫无特色，要么过于简陋，标准极低。每一种产品都是为特定的

消费群体而服务的，当产品的目标群体基数越大，其标准也就越低。

通过商家收集到用户线上线下数据，就可对用户的个体概况、消费能力、消费习惯、消费喜好、消费内容、消费层次、消费渠道、消费频率等进行多维度建模，实现对每一个用户的画像。

为用户画像的核心工作是为用户打上各种各样的标签，每一个标签都是特定用户相应个性特征和消费特征的高度总结，如性别、年龄、婚姻、消费习惯、消费偏好等。将所有用户标签整合在一起，呈现的就是用户画像了。

为用户画像，需经过三个步骤。

第一步：收集信息并分类。数据收集过程不再赘述。收集到的数据要划分为两种类型：一种是客观数据，即关于用户的相对稳定的信息，比如性别、地域、职业、年龄等；另一种是动态数据，即用户的行为数据，比如浏览网页、搜索商品、光顾店铺、消费经历、售后互动、消费等级变动等情况。

▶【案例 5-3】

新冠疫情期间，由于线下门店销售增速放缓，孩子王开启了全渠道布局（直营大门店＋扫码购＋电商平台），线上订单（App＋PC 端＋微信生态平台＋第三方电商平台）收入占比大幅增加，由 2018 年的 10.65% 上升至 2020 年的 30.79%。

随着全渠道布局的深入推进，孩子王加速了线上线下全渠道融合，并建立了"无界＋精准＋数字化＋服务化"的运营模式。

消费者可通过线上平台、App、微信小程序、线下触屏终端、"扫码购"自助下单、"店配速达"等多种渠道获得更加流畅的消费体验。

孩子王也能通过上述触点更全面地收集用户信息，建立起超 400 个基础用户标签和超 1000 个智能模型，并基于采集到的用户基本属性、浏览、交易、社交、互动活动等数据，建立起了用户标签系统为用户画像，形成"千人千面"的服务模式，实现了精准营销，大大降低了营销费用，其销售费用率从 2017 年的 22.59% 下降到 2020 年的 19.36%。

第二步：分析数据，贴上标签。通过对特定用户相关数据的分析及判定，为分类数据贴上相应的标签及指数。标签表示用户的兴趣、偏好、需求等，指数则用来表示用户的兴趣程度、需求程度、购买概率等。

关于反映用户标签的相关信息，线上渠道收集起来比较简单，下面重点谈谈线下渠道的标签分类（见表5-3），以便收集。

表 5-3　线下门店数据标签类型

标 签 类 别	具 体 项 目
基础性标签	姓名、手机号、年龄、居住地、工作地点、公司、家庭生活、朋友圈、性格等
消费能力标签	购买力、消费等级、累计消费金额、消费频率等
行为偏好标签	进店时段、访问方式、品类偏好、品牌偏好等
消费行为标签	购物偏好、购物时段、偏好品牌等
用户服务标签	用户会员等级、评价等级、投诉记录、退换货信息等

名创优品的用户运营有一条"黄金7天"法则，即不管用户是从什么渠道进入私域社群的，都要在7天内对用户完成一系列运营动作，以确保活跃度和转化率。因为7天过后，用户活跃率会有一个断崖式的下滑。

在用户入群的7天内，名创优品会从两方面进行引导。

一是让用户快速认知社群的利益点，告知其日常活动、干货内容，发放优惠福利等。二是与群成员初步建立情感连接，比如进群的仪式感，赠送新人礼包等。

名创优品的"千群千面"也是私域用户运营的一大利器，即通过为用户贴标签来进行精准营销。在用户数据运营上，名创优品总结出5大维度超过60条社群标签组合，比如社群周期、社群等级、粉丝来源、粉丝占比、内容偏好等，可以针对不同用户群体做针对性的内容和活动的触达，实现精准营销。

与此同时，名创优品还全面提升了关于用户数据管理的算法。当前，名创优品的整个用户数据中心已经沉淀了35亿用户标签，相当于平均每个用户身上被打上了89个标签，提升了营销的精准性。

举例来说：名创优品给用户A打的标签是：金卡用户、盲盒品类的忠实粉丝、处于复购周期、喜欢去三丽鸥门店、近一年消费超过 600 元、在过去 35 天没有来门店消费。根据上述精准标签，名创优品会对用户做定向的精准触达，从基础的短信到新品的宣导、优惠券的刺激，再到社群更加丰富的全媒体内容推送等，提高用户复购率。

第三步：为用户建模。即借助时间、地点、人物三个维度，阐明什么用户在什么时间、什么地点做了什么事，或用来预测将来什么用户会在什么地点、什么时间做什么事，用来指导门店的经营与决策。

喜茶的用户画像十分精细，几乎涵盖了所有的可获取用户的基本信息，如性别、年龄、地区等。喜茶的门店管理系统也会根据用户的姓名、性别、出生日期、电话号码、电子邮箱、会员等级、卡内余额、使用会员服务的日期与频率、购买或接受卡券的名称与频率、登录时的地理位置信息、可能感兴趣的主题等相关数据来为用户画像。

通过用户画像分析，喜茶可以清楚了解用户喜欢什么，热衷于哪些品牌，关心哪些时事，会被怎样的内容吸引。深度剖析用户之后，才能针对他们的需求设计产品，吸引他们，并进行导流。

基于用户画像进行用户分析，可以对用户的喜好进行精准预测。从喜茶披露的报告来看，他们通过用户画像得出了很多有建设性的数据结论，比如：女性用户更爱温暖（热 / 温 / 去冰的占比高于男性 14.4%）；在"80 后""90 后""00 后"三代人中，越年轻越爱"正常冰"，越年长越爱"温"；"00 后"选择正常糖的比例是 41.8%，而"80 后"仅为 17.1%，年长用户更喜爱"少糖"。

上述数据反馈了客户对于产品口味的喜好和倾向，经过进一步建模和解读，就能指导日常经营决策，进一步优化产品和促进创新，巩固竞争优势。比如基于年长者对糖分摄入的顾虑，喜茶率先推出了可降低 90% 热量的"甜菊糖"。

根据我国工信部规定，商家要在征得用户授权、保障用户隐私不泄露的前提下，合理、合法地收集、使用消费者个人信息。商家进行用户画像时，务必要注意做好用户隐私信息的保护和应用授权，确保用户隐私不泄露，做到用户数据使用安全、合法。

★ 五、数据赋能：反转经营逻辑

实体店通过移动化、数字化工具，实现消费者的线下线上运营、数据收集分析，描绘精准的用户画像，在决策、生产、人货匹配、品牌营销方面提供重要的参考依据。通过数据赋能来反转门店的经营逻辑，实现门店经营上的破局与升级。

1. 数据赋能决策

通过用户数据分析，可以更深入全面地了解用户画像和消费习惯，精准预测他们的消费需求和喜好，从而将用户从"冰冷的数字样本"转化为"鲜活的个体"，根据他们的个性化需求进行互动。

名创优品通过客群数据分析得出了很多关于消费偏好的结论，比如：主力消费群的特征是爱漂亮，这群人占比 27%，消费频次和贡献力度最大；多件囤货群、IP 爱好者、零食吃货群、周末遛娃群（周末带娃买玩具）等则是名创优品对不同消费偏好客群的归类。

根据以上数据分析归类结论，名创优品进一步优化了经营决策。比如，为了满足 IP 爱好者的需求，名创优品引入了国际大 IP，摸索出一套成熟的 IP 合作体系，与粉红豹、KAKAO FRIENDS、漫威、故宫等多个国内外知名 IP 合作推出了周边产品，迎合了年轻人的潮流品位。

2. 数据赋能生产

结合顾客需求数据分析背后的需求信息组织货源，降低库存，实现运营效率的升级。

▶【案例 5-4】

在快销时尚品牌 ZARA 的门店里，密集分布着用来捕捉顾客信息的摄像头，店员也会随身携带智能终端 PDA，用来记录顾客对产品的意见、偏好，包括顾客对扣子颜色、拉链款式之类的微小意见都会被重视并记录下来。

店员收集的信息会汇总到门店经理那里，再由经理上传到 ZARA 的全球数据网络中。汇总后的信息每天会分成两个批次反馈给总部的设计人员，由总部做出调整决策后，即可将指令传送到生产线，对相应产品进行优化改进。

每日闭店后，店员会盘点当天的销售和退货情况，结合交易系统生成当日经营效果分析报告，分析当天的热销商品，将数据传送给 ZARA 的仓储系统。

通过收集客户数据并得出有益于改进生产（供应）的决策，可大大提高产品生产（供应）的针对性，降低存货率，也能为消费者提供他们所喜欢的商品，使得双方都能享受到大数据带来的益处。

3. 数据驱动人货匹配

根据顾客消费数据和未来需求数据预测，可以更好地让门店提供的产品、服务同顾客需求相匹配。

▶【案例 5-5】

在 CEO 李博看来，Heyshop 的门店应当称作共享零售空间，但在消费者心中，它就是一家不折不扣的网红店。

Heyshop 通过用户数据驱动反转了卖货的逻辑——用户喜欢什么，Heyshop 就卖什么。

Heyshop 实现了门店货架的标准化，每个货架上面都有对应的二维码，顾客既可以自己扫码，也可以寻求店员帮助来扫码，扫码后可以看到产品的价格、库存量等详细信息。

当顾客通过二维码互动时，门店就将传统线上电商的转化率公式搬到了线下，可以详细了解顾客的互动数据：逛了哪些区域，了解了哪些产品，购买了哪些产品，同别人分享推荐了哪些产品。

经过对顾客互动、消费数据的汇总、分析，Heyshop 将门店所有货品分为三类。

第一，高互动率、高购买率的货品。这类 SKU（Stock Keeping Unit，最小存货单位）不仅要保留，还要加大供应量。

第二，高互动率、低购买率的货品。这类货品顾客互动多，但购买少，可能是由于尺码不全或定价不当，要找出顾客未下单的背后原因，而不是直接淘汰。

第三，低互动率、低购买率的货品。这类货品立即下架。

数据除了优化货品，还可以用来优化库存。Heyshop 会根据互动数据、购买数量，以及潜在线上购买数量设计一个算法，对门店的单品 SKU 数量进行优化，确保在一定周期内库存正好售罄，降低库存成本。

4.数据赋能营销

在顾客的消费理由中，不同人关心的利益点是不同的。有人关心的是价格，有人关心的是服务，有人关心的是兴趣、爱好，有人关心的是安全。营销的意义在于识别用户需求和其关注的利益点，将合适的产品、服务推荐给他们，而基于用户数据分析结果的营销策略能够完美地将产品、服务同顾客需求匹配起来。

名创优品的私域流量池中拥有 5 万多个社群，为了提高社群运营效率和转化效果，名创优品首创了千群千面的营销策略，即基于用户的 IP 品类偏好、人群属性和消费渠道偏好等用户数据维度，在 CRM（Customer Relationship Management，客户关系管理系统）的基础上实现用户分类进群，并根据不同的群属性设计个性化的营销策略。

比如，对于价格敏感度高的用户，名创优品通过秒杀活动、裂变活动、福利闪购活动让他们主动分享，进行裂变传播，引入更多私域用户。

在 2021 年"双 11"期间，名创优品以一款洗脸巾作为爆款促销品，通过标签分析后，在定向社群里发布活动信息，吸引到对此商品感兴趣的精准用户进入快闪群，同时通过"晒单即免单"的激励机制鼓励用户分享。最后，该活动在 13 小时内裂变了超过 1 万名有洗脸巾需求的精准用户，销量提升了 60 多倍，同时也让用户得到了切实的福利，实现了品牌与用户之间的双赢。

针对高客单高复购型用户，名创优品则邀请他们成为优 + 会员，可享受各种福利，如 IP 首发特权、品类专享价、现金券礼包、每月专享券、折上折活动、周三会员日等，激励兴趣用户不断复购，形成了品牌销售模式的良性循环。

通过千群千面的个性化营销策略，名创优品大大提升了社群的转化能力。

越了解客户的行为、偏好和购买习惯，对用户未来消费行为的预测也就越准确，门店可借助 CDP 解读获取到的用户数据，针对不同业务场景提供行为事件分析、漏斗分析、归因分析等不同客户行为数据分析模型，使数据不再停留于表面，对目标人群留存情况、价值、参与度进行洞察，将数据落到实际可量化层面也是必不可少的一部分，最终将整合完成后的数据回流到经营系统，反哺门店运营，提升用户价值。

下篇

实体店留量破局：
从网红店到长红店

第六章

网红店为何"一炮而红，一火就死"

网红品牌圈有这样一句话："一年红火两年降，三年四年换行当。"

一笼小确幸，坚持了不到半年；

很高兴遇见你、水货开了两年；

赵小姐不等位、雕爷牛腩、黄太吉，刚好坚持三年。

网红店短命成了行业常见现象。网红店为何会"一炮而红，一火就死"呢？根本原因在于"重营销、轻内功"，导致只有尝鲜客，无法产生复购，无法带来回头客。

★ 一、产品力不强，留不住回头客

都说网红店活不过三年！

一笼小确幸，坚持了不到半年；

很高兴遇见你、水货开了两年；

赵小姐不等位、雕爷牛腩、黄太吉，刚好坚持三年。

无论什么产品、什么类型的实体店都有其生命周期，但门店一旦被扣上"网红"的帽子，就会格外短命。

网红店为何会"一炮而红，一火就死"呢？

在品牌爆发初期，网红店常常是凭借单一的长板运营策略爆红，或是爆款单品，或是特色服务，或是高超的营销引流手段。

随着消费者回归理性，随着竞争对手不断涌现，门店此前所积累的品牌势能就会弱化，网红店能否长红下去，甚至能否生存下去，就回归到了实体店最基本的经营逻辑——是否拥有持续的良好产品体验、服务效率和高效的运营体系。

网红店之所以陷入"一炮而红，一火就死"的僵局，是多种因素导致的，其中一个重要因素就是产品力不够强，难以留住回头客。

1. 错把情怀当产品

网红店的走红大多是因为营销驱动，通过创始人故事、品牌概念的渲染来突出情怀，而且多数情怀讲得比产品（服务）要好，通过情怀渲染引爆流量，勾起消费者的消费欲望，忽略了产品、服务本身对门店业绩的影响。

雕爷牛腩称得上是"互联网餐饮"的鼻祖，也是第一代网红店代表品牌，擅长互联网事件营销，例如花 500 万元购买牛腩饭配方、邀请众多明星名人试吃、与苍老师同吃一口咖喱、和留几手共啃一块牛腩……正是这一系列事件营销引爆了雕爷牛腩的知名度，也带动了一批同样带着"互联网餐饮"符号的网红餐厅，比如伏牛堂、黄太吉、西少爷等。

雕爷牛腩的创始人孟醒是互联网品牌"阿芙精油"的创始人，他已经实现了财务自由，不缺钱，故而雕爷牛腩的起点很高，完全按照米其林一星餐厅标准打造。孟醒做餐饮的目的是实现自己的理想，这是一种情怀。他对于做一个单纯赚钱的餐馆并不感兴趣。

在这种情怀驱动下，雕爷牛腩定位为高品位的中产阶级餐厅，其门店只开在大型商场，有诸多高大上的标签，诸如做中央厨房、聘请世界顶级大厨、寻找最好的食材、提供高格调的环境和服务、做足仪式感等。

高情怀的背后是高投入、高成本，这些最后必然转嫁到产品上，但雕爷牛腩的目标顾客并不买账，因此而导致餐厅成本剧增，经营压力巨大。

如此将情怀当产品显然是有问题的，消费者可能会因一时的感动而消费，但不会反复为包含高情怀溢价的产品埋单。一名消费过某网红奶茶的顾客的心声很能说明这一问题："我挺爱喝奶茶的，西安大大小小的奶茶店都去过，最让我难忘的一次就是在曲江某商场排队买某个网红奶茶。当时看见排队人挺多的，终于到我了，结果付完款才发现前面还有 51 单，我的内心是崩溃的！但是又不能退款，只能痴痴等了两小时，个人感觉奶茶味道很一般，和十几块的奶茶没区别，这家网红奶茶却要 30 多元一杯，再也不会买了。"

2. 产品缺乏必要的升级迭代

爆款产品是网红店火起来的必备条件，但不能只有爆款。因为顾客的喜好、口味变化很快，这就需要对爆款产品进行不断的升级迭代，推出多种类系列产品。如鲍师傅除了肉松小贝还有鳕鱼松、盒装的凤梨酥和蛋黄酥等 12 种不同产品。

网红店经营的多是快消品，制作工艺简单，容易被模仿，更要专注于产品创新、研发和迭代，否则很容易被消费者抛弃。

雕爷牛腩只有四道主菜，当消费者吃遍所有菜品后，发现餐厅并没有产品上的迭代和推陈出新，很难再有光顾的动力。

虽然雕爷牛腩承诺菜品每月一小换，每季度一大换，让顾客体验不同的美食，但在具体产品迭代中又非常任性自我。雕爷牛腩在产品研发上随意性非常大：有时候孟醒自己在外地吃到一款好吃的，或者朋友推荐了一款产品，他就会要求后厨人员尽快研发推出，缺乏严谨的调研和论证。

一系列操作下来，顾客期望值越来越高，然而餐厅菜品不过硬、不够新，很难持续吸引消费者。因此，雕爷牛腩吸引来的绝大多数是猎奇的顾客，老顾客仅占 10% ～ 20%。

雕爷牛腩的产品更新慢，虽然有明星试吃，在包装餐盘上也玩出了不少花样，但顾客评价却很一般，没有口碑，也很少有人分享，很快经营就出现问题。类似的情况还有韩寒的很高兴遇见你、孟非的小面馆等，都被顾客吐槽名不副实。

3. 高价产品名不副实

网红店基本是营销下的蛋，营销成本高昂，该部分成本最终会摊到门店的产品和服务上，由顾客埋单。但是，多数网红店的产品、服务相对竞品并没有独到之处，导致高价产品名不副实，很难吸引到回头客。

走高端早餐路线的桃园眷村，其产品以早餐品类为主，价格几乎是同类产品的 3 ～ 5 倍，客单价高达 35 ～ 50 元。这个价格放在烧饼、油条等品类上，即便是对于一线城市的消费者来说也是偏高的。

高客单价定位要想征服消费者，须有对等的产品品质和消费体验，然而事实并非如此。在一些第三方点评网站上，有不少消费者"吐槽"桃园眷村的产品性价比不高，花 50 元吃一顿早餐可能只是为了尝鲜。没有回头客的桃园眷村，关店的速度越来越快。

赵小姐不等位等网红餐厅也存在类似问题，从大众点评和微博上的反馈来看，"味道不好且贵"是顾客的普遍评价。

4. 产品质量问题频出

产品是网红店的底线，但一些网红店的操盘者专注于营销和造势，忽略了产品质量，导致问题频出，尤其是一些饮食类网红店。

▶【案例 6-1】

一笼小确幸早期凭借高颜值、趣味足的"港式点心＋花样糖水"走红，最火的时候顾客平均需要排队 2 小时，日翻台 12 次，单店坪效高达 1 万元。但创始团队只关注流量，忽略了产品安全，甚至在接到食品安全问题投诉时，也没有认真对待，而是敷衍地回复了顾客的点评和反馈，后期越来越多的人就餐后出现腹泻症状，事件发酵后，负面影响越来越大，最后被政府部门勒令关门。

▶【案例 6-2】

当年有"上海第一法棍"之称的 Farine 面包店也存在严重的食品质量问题，还被离职员工曝光使用过期面粉。该店在随后的回应中没有正面对待问题，而是选择偷换概念，消极逃避，最后惹怒了网民，导致关门停业，4 名负责人被捕。

网红店要想活得长久，产品是核心。产品力是实体店生存和营销的根基，如果产品力不强，注定生意也就是短暂的火热。

★ 二、山寨成风，品牌形象缺乏差异化

网络时代，每年都有爆款网红品牌刷爆社交网络，判断一家网红店究竟有多红，一个最直观的标准就是数数有多少家山寨店。

从主打中式糕点的网红品牌鲍师傅，到新式网红茶饮喜茶、答案茶、鹿角巷，到做传统餐饮的外婆家、绿茶等，甚至卖鸭脖的周黑鸭都遭遇过被山寨、被模仿的尴尬。

▶【案例 6-3】

2004 年，鲍才胜夫妇在中国传媒大学旁开了一家名为鲍师傅的糕点店。2017 年，由于产品味道鲜美有特色，鲍师傅在网络传播助推下成了网红店，还将门店开到了上海人民广场。随之，一系列山寨店如"经典鲍师傅""金典鲍师傅"等迅速跟进。

甚至有的"盗版"山寨品牌在规模上还超过了"正版"鲍师傅，其中规模最大的要数北京易尚餐饮管理有限公司旗下的鲍师傅糕点。2018 年，该品牌在全国开出了 300 余家合作店。同期，鲍才胜的北京鲍才胜餐饮管理有限公司在全国范围内仅拥有 26 家"鲍师傅"门店，其中 13 家在北京。除了鲍师傅，北京易尚还注册了金拱门、原麦丰秋、肚子里有料、乐乐茶、脏脏包等多个商标，在全国招徕加盟商。

2018 年，北京鲍才胜餐饮管理有限公司在全国多地对北京易尚餐饮管理有限公司发展的加盟商发起了 18 起诉讼，法院均判定被告商标侵权。

喜茶也曾遭遇过山寨的困扰。喜茶的前身是聂云宸创立于 2012 年的皇茶，由于皇茶的注册商标迟迟未获批准，市场上出现了大量的皇茶山寨店，仅在深圳一地就有 2000 多家。最终，聂云宸不得不放弃皇茶这个品牌，重新注册了"喜茶"商标。

2018 年初，在抖音上走红的网红茶饮答案茶也被山寨店逼得换了新商标，将品牌更名为 1314 茶。很多原本打算加盟答案茶的加盟商在开店后才发现自己

加盟的根本不是抖音上爆火的那家答案茶，而是山寨品牌。

行业里有一类"快招公司"，它们可以在什么都没有的情况下以高达90%的复制率复制网红品牌，用同网红品牌类似的标签或商标大肆开放加盟骗取加盟费，是行业中的搅局者。

正如鲍师傅、喜茶、答案茶的遭遇一样，一旦有网红店火起来，马上就会出现同类型的店铺，采用同样的营销方法来跟风、搭便车，不仅造成消费者的审美疲劳，也严重阻碍了行业的健康发展。

1. 跟风者：快钱思维迅速做死行业

山寨跟风者是行业的害群之马，他们没有深耕行业的初心，只想快速收割，趁着热度赚快钱。甚至有些跟风者不顾产品、服务质量，只想赚快钱，导致整个细分品类的生意越来越惨淡，口碑越来越差。

类似境遇的网红小吃，包括酸奶大麻花、脆皮五花肉、铁板鱿鱼、泡蛋苕粉等，都是这样快速被做死的。

山寨本身也为消费者所不齿，一旦发现是山寨网红店，消费者的兴趣会立马下降。瑞可爷爷的店最初爆红是因为娱乐节目《康熙来了》推荐，大多数消费者抱着尝鲜态度去消费，但之后该店被爆山寨了日本品牌，其受欢迎度瞬间大幅下降。由于该品牌本身是山寨货，不具备持续迭代能力，最终因跟风者太多，同质化竞争激烈，仅仅开了半年就关门大吉。

2. 被模仿者：品牌缺乏差异化

网红店之所以被模仿，是由于门槛较低，产品、服务容易被复制，缺乏差异化的品牌形象和竞争力。大部分实体店经营的是快消品，即使有创新性产品，如果缺乏持续的革新迭代，也很容易被竞争对手破解、模仿。

▶【案例6-4】

2013年，邱茂庭在中国台北街边开了一家斜角巷（后改为"鹿角巷THE ALLEY DA"，以下简称鹿角巷）奶茶店，主打产品是经典的黑糖奶茶，黑糖鹿丸鲜奶、"光饮"系列产品当时非常火爆，该店成为备受消费者欢迎的网红店。

2017 年，鹿角巷奶茶店开到了大陆，迅速成为最火的网红茶饮品牌，鹿角巷广州店排队长达 100 米，上海店排队需要 4 小时……2018 年 6 月，鹿角巷成功拿到 2000 万元人民币的 A 轮融资。

在鹿角巷加速扩张、开店的同时，鹿角戏、鹿角湾等与鹿角巷店名类似的"山寨"品牌也陆续冒了出来。普通消费者根本分不清哪家是正版，哪家是山寨。不久，山寨品牌鹿角戏也宣布进行融资，风头甚至盖过了鹿角巷。

"最夸张的时候我们在全国只有 114 家直营店，而假的店有 7000 多家。"鹿角巷品牌首席执行官赵越超在采访中说。

大量的山寨店跟风的不仅仅是鹿角巷的门店名称，还有其网红产品黑糖奶茶，甚至有些达人测评"哪家黑糖奶茶好喝"，结果鹿角巷的排名还不如山寨产品，鹿角巷在消费者心中的新鲜感逐渐消失。

2022 年，"网红奶茶鹿角巷花 1 个亿打假"的话题冲上热搜，如今忙着维权的鹿角巷也没有过多精力再出爆款产品。在产品更新换代神速的茶饮市场，缺乏具备吸引力的产品，自然就无法吸引新的消费群。

除了品牌、产品缺乏差异化之外，一些网红店惯用的饥饿营销手段也给山寨品牌以可乘之机。例如，当彻思叔叔芝士蛋糕用饥饿营销的方式火遍全国时，它的同类品牌也在一夕间布满大街小巷，像彻思爸爸、彻思老哥之类的品牌尽管是山寨跟风，但提供的产品在品质上同彻思叔叔并无太大区别，既然有可替代产品，消费者自然不愿再去排长队凑热闹。正是由于彻思叔叔等网红品牌本身也并非不可替代，走向没落便也在意料之中。

一年火，两年稳，三年败，说的就是网红店所遇到的成长困境。随着特色网红店层出不穷，旧的网红店如果缺乏差异化的品牌形象，没有独特的竞争优势作为壁垒，很容易被模仿、被跟风、被山寨、被淘汰。据中国报告网公布的数据显示，全国各大网红品牌已近 200 万家，每年遭遇洗牌的比率高达 60%。

对网红店来说，当其产品、模式、品牌形象都不存在核心壁垒的时候，很难长久火爆，更难长久生存。

★ 三、过度营销包装，缺乏核心竞争力

网红店的成功离不开巨大的曝光和流量，离不开铺天盖地的营销推广。

网红店的营销大多做得非常成功，而且营销做得比产品（服务）好，擅长借助线上的"两微一抖一快（微博、微信、抖音、快手）"，加上小红书，以各种IP、创意吸引年轻消费者，批量种草，如此持续发酵一段时间，线上流量就会被大批量导入线下门店，营造出异常火爆的氛围，迅速火起来。

但火起来之后的网红店，往往重营销而轻内功，忽视了门店经营内功的修炼，缺乏核心竞争力。火了之后的门店运营能力如果辜负了消费者的满腔热情，无法达到消费者的心理预期，失望情绪便会伴随消费者的吐槽、差评而迅速在社交媒体扩散，从而导致网红店一边通过营销获得流量，一边又在不断失去流量。同客流量一起流失的，还有实体店的口碑。当二者达到一个临界值，网红店的客流将会越来越少，直到无人问津，经营难以为继。

从诞生之日起，有互联网行业背景的黄太吉创始人郝畅就牢牢抓住了互联网营销的方法，不断制造"最美煎饼老板娘""开跑车送煎饼""外星人讲座"等营销话题并获得投资机构的追捧，创立四年间成功拿到多次融资，估值高达12亿元。

但最后将黄太吉拉下神坛的也正是"重营销不重经营、不重内功的修炼"，产品名不副实，高昂的定价背后并没有相对应的产品价值，根本留不住回头客。

产品、服务、运营体系才是实体店的核心竞争力，才是品牌最有力的支撑，而营销只是品牌影响力的放大器。如果只是过度营销，不具备相应核心竞争力，只会让实体店红得快，死得也快。

1. 过度营销，实体体验不佳

实体店的流量靠营销驱动，回头客则要靠体验驱动，决定顾客体验优劣的因素包含门店的产品、服务、环境等多个方面，但绝大多数网红店除了环境可圈可点，其他方面几乎都不如人意，顾客体验也就可想而知。

设想一下，那些靠雇人排队，再通过网络炒作起来的网红店，当顾客好不容

易排了几个小时的队，体验了商家的产品，发现产品并没有预期那么好，服务也跟不上，可能仅仅就是拍个照纪念一下，以后绝不会再光顾。等到门店消耗完周边几公里的流量后，哪怕再花重金去线上引流，这家店也不会再"红"了。

赵小姐不等位餐厅最火爆时，门店开遍了上海滩，上海的各个商圈都能看到这家以盐烤、猪油菜饭为特色的餐厅。虽然名字叫"不等位"，但由于慕名而来的顾客太多，门前常常大排长龙，平均就餐等待时间超过两小时。

但好景不长，由于网络营销过度，与消费者预期形成了较大的落差，餐厅经营管理水平低下，被顾客吐槽其招牌的灵魂猪油拌饭"只有价格直击灵魂"，盐烤蛏子"咸到令人发指"，服务态度极差，越来越多的负面口碑让赵小姐不等位餐厅的等位现象逐渐消失。

只顾营销引流，不顾顾客体验，缺乏相匹配的经营服务水准，让赵小姐不等位餐厅在作死的路上越走越远。

存在类似问题的网红店一手促成了自身的"异化"，原本一个店铺里最重要的是商品、服务与体验，但网红店留给人的印象只有颜值与营销。颜值与话题传播是好的开始，但经不起时间的考验。

2. 营销成本高昂

线上流量都是明码标价的，每一次线上点击、每一个到店客流，都意味着真金白银的推广成本。网红店将注意力和预算都放在营销和引流上，导致其店内产品、服务的价格因为要包含营销成本而大幅增长。

▶【案例 6-5】

2018 年，国产剧《深夜食堂》中有这样一个场景：老板为食客端上一碗煮好的泡面，加上几根青菜、一个卧鸡蛋，在凄冷的深夜里，暖胃又暖心。这一场景在全国范围内掀起了开泡面食堂的热潮，网红店泡面小食堂红极一时。

泡面小食堂店面不大，多为小清新装修风格，一面泡面墙摆满了来自不同国家的 100 多种口味的泡面，原本是最常见、最普通的泡面，在这里被吃出了精致感、品质感（价格不菲，消费均价在 30 元左右）和仪式感。经营者非常明白高颜值产品的重要性,泡面上桌前会用瓷盘盛放,配上爱心状或者花朵形的煎蛋、可爱的八爪鱼形状的亲亲肠,可谓最佳的社交货币,食客们纷纷拍照、发朋友圈。泡面小食堂一经推出,就借助网络传播迅速红得发紫。

不过,食客们完成了朋友圈"打卡"之后,新鲜劲儿也就随之消失。吃货们对泡面小食堂最大的吐槽点是价格偏贵。就因为加入了各种青菜、肉类、鸡蛋等,这里一份泡面的价格就飙升至十几元到数十元不等,大多数人吃完后会觉得:"味道平平,也就那么回事儿,还没有家里煮的泡面好吃。"

红极一时的网红店泡面小食堂在短短一年后就经营惨淡,纷纷关张。

羊毛出在羊身上,付出了高昂的营销成本,店家要么抬高价格让消费者为此埋单,要么降低成本。久而久之,当消费者发现"网红店"的产品并没有同其高价相对应的"价值",就会回归理性,曾经飞得又快又高的网红店就会从天上"摔"下来。

3. 缺乏核心竞争力

网红店的经营模式和装修风格有相似的套路,同质化严重,可复制性强,竞争壁垒很低。

注重营销、追逐流量并非网红店的原罪,但网红店只重流量属性,轻视产品和服务的本质,没有核心竞争力,才是其致命伤所在。

甚至在某些网红店操盘手心里,最重要的事情始终是营销,有没有回头客不重要,只要营销得力,就不怕没有流量,客源就不是问题,门店就能进行一茬茬的收割。却不知练好内功、塑造独特的核心竞争力才是门店持续健康发展的根本,否则,再厉害的营销也难以持久,而且营销做得越火爆,"翻车"的现场往往越惨烈。

★ 四、加盟扩张过快,运营应付不过来

网红店爆红之后,大概率会走上门店扩张之路。随着门店数量的增长,一方

面网红品牌的网红效应会下降，因为门店增加，顾客排队理由消失，排队现象会大幅减少；另一方面门店数量扩张也需要一整套标准化运营体系，很多网红店并不具备这种运营能力，导致扩张之路走得并不顺利。

1. 加盟扩张过快，内部运营跟不上

网红店乘短期爆红之势，通过加盟的方式快速扩张，但门店快速扩张后，对品牌供应链的管控、店员的培训管理、店铺的运营都会造成不小的压力，如果无法很好地整合优化，供应链、资金链就会出问题，加盟店也容易产生服务质量跟不上、品牌调性不统一等一系列问题。

有太多依靠营销出圈的网红店，由于标准化、精细化运营能力跟不上，无法将其成功经验复制到加盟店。

▶【案例 6-6】

水货餐厅号称是"全国首创美式无餐具餐厅"，开业之初凭借这一噱头博得不少眼球，开创了 8 个月加盟 52 家门店的纪录。但因其扩张速度过快，供应链更迭速度无法满足扩张需求，导致产品品质参差不齐，加上产品单一，易于复制，大部分门店生存能力很差，后来只有零星的门店生存下来，品牌方被迫很快停止了加盟。

▶【案例 6-7】

沙拉日记的创始人是一对小夫妻，他们花费三年时间打造了这个网红品牌。业绩最好的时候，沙拉日记每天能突破 200 单，单店流水超 8000 元。然而随着店面扩张，尽管客流量和销量都很可观，但却没有利润。"有单量，没利润"成了一个无解的问题，最终压垮了沙拉日记。

直至倒闭，沙拉日记的营业额都很高。创始人在闭店后回顾整个开店历程，总结出了极其精准的五个字——"自嗨式创业"。

一两家门店容易成功，想将这种成功复制到更多门店，考量的就是系统化运

营能力。绝大部分网红店品类单一、火爆因素不可复制、后期缺乏培训督导体系服务，在门店扩张之路上务必要非常谨慎。如果坚持走扩张之路，就要考量一下产品研发能力、供应链、运营体系、标准体系、培训体系是否完备，创始团队的能力结构是否具备。

2.扩张速度过快，团队管理跟不上

网红品牌的团队扩张速度如果跟不上门店扩张的步伐，会导致总部管理乏力，对加盟门店监管不力，门店乱象丛生，最终损害品牌形象。

▶【案例6-8】

由韩寒投资的很高兴遇见你餐厅，其第一家门店于2014年3月1日在上海正式营业，被称为"上海最文艺的餐厅"。这个网红品牌从店名到菜名都有典型的韩寒风格，如"岳父汉堡""导演的咸猪手"等，加盟店开遍全国。但因为总部经营团队管理能力跟不上，武汉店因为无证经营、鼠患严重直接被关停，苏州店被爆拖欠20多名员工两个月的工资，舆论哗然，最终导致全国范围内的门店接连倒闭。

部分网红品牌在意识到门店扩张中的团队问题和监管问题时，及时予以纠正，例如答案茶。

答案茶在抖音走红后，引来了疯狂的投资客和加盟商，门店快速扩张，高峰期在全国开了将近500家门店，其中大部分是加盟店，少量为直营店。

加盟店发展迅猛，当时答案茶的运营管理体系和供应链都不够完备，运营团队没有能力监管如此多的加盟店。意识到品牌的实力与能力都有欠缺后，答案茶的运营方盟否公司果断停止了招商加盟，给出的原因是：管理者意识到发展速度太快，需要停下来总结思考，提升产品和管理水平。

尽管在扩张上放慢了步伐，答案茶最终还是由于产品缺乏持续吸引力，以及跟风者众多而逐渐淡出了大众的视线，不复当初的火爆。

3. 加盟店水土不服

并不是所有的网红店都适合走门店向扩张之路，尤其是一些有着浓厚地域特色的网红品牌，扩张时很容易遇到水土不服、当地消费者不买账的问题。

超级文和友在长沙大获成功后，走上了跨区域扩张之路。

2020 年 7 月，在广州天河商圈太古汇旁边，5000 平方米的广州超级文和友开业，当天广州文和友排号达 3000 桌，平均排队时长达到 4 小时。

2021 年 4 月，深圳文和友在罗湖区开业。开业当天，这家 2 万平方米的店面迎来了 5 万消费者取号排队。但开业不到半年，深圳文和友便改名为老街蚝市场，意味着长沙本土化场景 IP 复制到外地失效了。

广州超级文和友也在不断打破当初的经营定位，不仅外墙的 LOGO 从超级文和友改为广州文和友，内部也进行了重新装修，一楼改为传统菜市场的海鲜水产档口，并取名为华文巷。

文和友 CEO 冯彬表示："我们在广州吃的最大的亏，在于想做广州当地文化的同时，又舍不得把湘菜丢掉，这是我们最应该反思的问题，也是最大的挑战。"

一度高歌猛进的文和友，尽管在广州、深圳为了迎合当地顾客需求而一再改变定位，变换各种方式补救，但至今仍难挽救颓势，广州、深圳两地的文和友，已经有多家本地知名商户因为各种原因相继离场。

网红店是特定环境、特定机遇下的产物，如果在缺乏成熟运营模式的情况下盲目扩张，品牌很容易失去其原来的价值和调性。

以黄太吉为例，其扩张失败是由于在缺乏标准化口味的餐品和可复制的运营经验时，过早开启了连锁模式，使大部分分店陷入瘫痪境地，甚至影响到直营店的口碑，拖垮了整个品牌系统。

如果网红店随着门店的扩张，同时在运营体系、管理团队和供应链上加大投入，苦练内功，蜕变为一个知名的品牌连锁店也是有可能的。比如乐凯撒榴莲比萨，早期也是网红打卡的网红店，后来在门店数量扩张的同时，大力投入供应链和运营体系等内功的搭建，已成功进化为知名的品牌连锁店，这是一个理想的结局。

★ 五、网红感快速降温，易被市场淘汰

生为网红，死于网红。身边的很多网红店都在红极一时后迅速走向衰败。

网红感来得快，去得也快。网红店不再"红"，最明显的特征是"没人排队"，消费者的新鲜劲已过，已经审美疲劳。

比如韩寒的很高兴遇见你餐厅，李晨、舒淇的4号厨房，开店初期很多顾客都是冲着明星的高人气前来尝鲜的，新鲜劲一过，餐厅的热度和流量便会大减。

网红感迅速消退的门店，无外乎以下两种情况。

1. 尝鲜者散去，网红感快速消退

若网红店吸引的只是一次性消费的尝鲜人群，便很难为品牌注入持久的竞争力。该类门店只注重外在颜值（门店颜值、产品颜值），而忽略了经营本质和顾客的基本需求。一旦顾客新鲜劲失去，这类门店很容易被后来居上者淘汰。

▶【案例6-9】

2016年，光之乳酪凭借一款高颜值的芝士包走红上海，引爆网络，席卷各大社交平台，其上海门店每天芝士包的销量高达4000个，光之乳酪同喜茶、鲍师傅一道被网友称为"魔都三大网红店"。

但是，光之乳酪的高光时刻很短暂。同类爆红产品，比如脏脏包、咸蛋黄蛋糕、舒芙蕾松饼等很快就代替了光之乳酪在大众心中的位置，光之乳酪门店排队的客人慢慢减少，有些门店已不需要排队。虽然门店推出第二个半价的促销活动，却依然留不住回头客。仅仅几个月后，光之乳酪就被大众遗忘。

2018年，光之乳酪开始走下坡路，各地门店纷纷关门，悄然退出市场。

光之乳酪的芝士包以高颜值为卖点，起初就决定了它是维系不了太久的网红产品和眼球经济。当新的网红店出现时，一些过气的网红店会慢慢被淘汰。消费者都是喜新厌旧的，新鲜劲一过，如果网红品牌再没有吸引他们的新亮点，其热度便会迅速下降，热度的下降即意味着网红店生命周期的结束。

2. 只有网红感，无法转化为购买

网红店具有重要的社交货币职能，除实际消费之外，消费者到网红店还有满足社交分享的需求，比如拔草、打卡、发朋友圈等。

网红店以高颜值的门店和产品吸引消费者打卡分享，但如果不能形成品牌的独特吸引力，很难让消费者产生复购。甚至，有的网红店只具备网红感，无法让流量转化为实际消费。消费者打卡这类网红店，不是为了产品本身，也不是为了消费，而只是为了追赶潮流。

▶【案例 6-10】

2013 年，钟书阁被誉为"最美书店"而走红网络。2014 年，言几又在北京海淀区中关村创业大街的第一家门店"今日阅读"开业。

晓书馆、言几又、方所、钟书阁……近年来，不少实体书店进行了经营模式创新，以网红书店的面孔重新走进人们的视野。

网红书店通过艺术化的场景设计来打造"最美书店"，店内不仅提供传统的图书产品，还融合了咖啡、沙龙、讲座、工艺品等多种业态，凭借高颜值的门面装修、多元化的文化业态成为"网红打卡圣地"。

言几又是网红书店的典型代表，它的多元业态包括茶餐厅、手工馆、画廊、进口超市、健身房、美发店及电影院，品牌方旨在打造一种"文化地标"，一度获得了极强的品牌影响力和号召力，针对言几又的投资接踵而至，在 2014—2018 年，言几又先后获得四轮融资，融资金额总计高达 2 亿多元。

在资本助力下，言几又将书店做成"超级书店＋综合业态"的线下重资产生意，并打算在 2019 年新增百家门店，但最终未能实现该目标。

进入 2020 年，言几又的关店潮到来，先后关闭了成都凯德天府店、宁波印象城店等；2021 年，言几又位于广州的两家门店关闭，上海虹口瑞虹店宣布停业；2022 年，言几又全线退出北京、杭州等区域。

网红书店中，除了言几又现出颓势外，其他网红书店也相继陷入经营困境，如有"最美书店"之称的钟书阁关闭了在上海的静安寺店，诚品书店关闭了深圳万象天地店。重庆方所书店、上海汉源汇书店、北京佳作书局 798 店等知名网红书店也纷纷关门。

究其根本，网红书店凭借其高颜值固然能引来打卡客流，但也仅此而已，某图书爱好者称："我不太喜欢去网红书店。虽然书店颜值很高，很能出片，的确有蛮多人会选择来打卡文化地标，但对于真正要看书的人来说，网红书店的书架像一种置景，不在书的选品上下功夫，就本末倒置了。只是为了来网红店打卡的顾客，怎么会来第二次呢？"

还有网友表示："网红书店漂亮归漂亮，但我不会为这个溢价买书。感觉冲动性消费以及餐饮很难支撑漂亮书店的商业模式。"

更尴尬的是，即便是第一次去尝鲜打卡的顾客，也极少在网红书店消费，大多数仅仅是拍照留念而已。"拍照的不少，翻书的不多，买书的几乎没有"，"我看到、我来过、我拍过、我走了"……网红书店只有网红感，无法让客流转化为实际购买，生意又如何能长久？

如果用一个成语来形容网红店，"大起大落"最为恰当。那些曾经刷屏的网红店正在随着网红感的消失，快速淡出人们的视野，甚至被市场淘汰。它们都是活在社交媒体和朋友圈的网红店，一旦从社交媒体和朋友圈消失，也就意味着距离真的消失为时不远了。

★ 六、违规经营，雇黄牛排队、刷评论

网红店有高于普通实体店的知名度和流量，但也是实体店的一种，脱不开诚信经营、品质立命的行业准则，应当持中守正、本分做事，承担起与名气对等的社会责任，来保障消费者合法权益。

但总有一些实体店运营者妄图通过投机取巧的违规手段来营造门店火爆、好评如潮的假象，以此来欺骗消费者，博取更多的流量和关注，或用来收割加盟商，引诱他们开加盟店。

1. 雇人刷好评

网红店流量主要来源于线上，一些门店通过刷好评来左右线下消费者的判断，吸引他们到店消费。比如在大众点评 App 上，有商家有偿找写手刷好评。据了解，商家找到有写手资源的中介，支付一定佣金，中介就能按照商家的需求提升销量、信誉、好评量，从而提升商家在平台同类商铺中的排名。一般这类中介会根据品类、难度、单量向商家收费，再给招募的写手分成，俨然形成了一条见不得光的产业链。

所谓的写手到店后无需进行实际消费或者体验，仅在商家经营场所拍照后，结合中介提供的文案上传好评即可完成任务，其中的一些甚至会入选平台的"优质好评"。

▶【案例 6-11】

广州某网红牙科诊所向某中介购买了刷评论服务，操作流程为：

中介群主（写手群）将相关"兼职"信息发至群内，招募写手。

写手进店前在大众点评上先垫付 9.9 元购买一份牙齿矫正检查团购券，然后按预约时间到店。

写手进店后向前台报自己的电话，并告知是参加体验券活动的。前台接收到"电话暗号"后，协助写手完成任务。

随后，写手会随手拍摄店内招牌、环境、医疗设施、宣传手册，几分钟后离开门店，全程并不需要体验团购中的牙齿服务项目。

写手体验结束后，也不需要自己亲自写评论，中介群主会发来好评模板，比如，"之前检查过牙齿有点不平整，觉得不好看，翻遍了网络了解过好几家牙科，最终选择了朋友推荐的这家牙科诊所。这里的服务态度很好，环境温馨简洁，服务流程中也没有不舒服的地方。牙齿矫正不贵，重要的是不满意还可以退。整个过程感受非常好，推荐需要矫正牙齿的朋友也来这里试试。"

写手直接复制评论并配上照片、视频，上传成功后，将截图发给中介群主，就会收到 50 元左右的刷好评佣金，同时还会收到之前购买牙科诊所团购券垫付的 9.9 元。

根据《中华人民共和国反不正当竞争法》第八条规定"经营者不得对其商品的性能、功能、质量、销售状况、用户评价、曾获荣誉等作虚假或者引人误解的商业宣传，欺骗、误导消费者。经营者不得通过组织虚假交易等方式，帮助其他经营者进行虚假或者引人误解的商业宣传"，伪造消费记录、上传非真实评论属于非法竞争行为，一旦被查实，将受到罚款、吊销营业执照的行政处罚。

《中华人民共和国反不正当竞争法》第二十条规定："经营者违反本法第八条规定对其商品作虚假或者引人误解的商业宣传，或者通过组织虚假交易等方式帮助其他经营者进行虚假或者引人误解的商业宣传的，由监督检查部门责令停止违法行为，处二十万元以上一百万元以下的罚款；情节严重的，处一百万元以上二百万元以下的罚款，并吊销营业执照。"

来看一个真实的案例。

▶【案例 6-12】

2020 年底，杭州之壹品牌管理有限公司通过招募大量大众点评平台的"大V"，编造某些线下商家的高分好评。"大V"先到店付费用餐，然后编造发布好评，经审核后，会返还餐费，并付给佣金。

上述行为被当地市场监管部门发现，当事人通过内容和流量双重造假帮助商家提高星级，并大量增加优质评价，欺骗误导公众。

由于当事人的行为违反了《中华人民共和国反不正当竞争法》第八条规定，杭州市场监管部门依据该法第二十条第一款对当事人做出了责令停止违法行为，罚款 20 万元的处罚决定。

2. 雇托排队，营造火爆景象

门店没有顾客排长队，怎敢称自己是网红店？网红店会将排队作为卖点，门店前队伍越长，顾客排队时间越长，说明网红店越火。排队营销，利用的是消费者喜欢跟风、好奇的心理。从消费者的角度看，门店队伍越长，代表着商品、服务的受欢迎程度越高，就越想去尝试，是一种从众型消费心理的表现。

排队对商家的益处也是显而易见的。首先，能够提升人气，做生意最怕冷冷清清，店内店外排队的客流本身就是"流动的活广告"。其次，排队客流能刺激路人的好奇心，吸引其加入排队的行列，即使当场不消费，也会给过路潜在客户留下深刻印象，大大提升以后到店的概率。因为普通消费者大多会这样想："这么多人排队，这家店一定有其独特之处，等有机会必须来体验一次"。

排队的良好宣传引流效果让某些商家动起了歪脑筋，一些网红店还会雇托排队，营造生意火爆的假象，触发顾客的从众心理，吸引更多客流。

▶【案例 6-13】

"蛋糕店新开业，招 4 月 23 日—28 日充场兼职，免费吃小吃，按要求写大众点评，工资 15 元。"2019 年 4 月 22 日，在长沙某兼职群内，群主发布了这样一条兼职信息。

4 月 23 日，近 30 名参加这家蛋糕店充场活动的兼职者被随机分成 5 组，群主在现场吩咐道："你们先在附近逛，到时我会在群里喊你们去店里点单，排队买吃的，每人要买两次。"按要求，兼职者点单时只能购买一份产品，超出的话不予报销。

由于有兼职者充场，这家蛋糕店门前的队伍始终保持在 10 人左右，给路人营造了一种生意火爆的场景，不少路过的人还好奇地前去打听"这里卖什么？"

当晚，充场活动结束后，群主逐一核对兼职者的购物小票并加以记录，当场向兼职者发放 15 元的兼职工资，购买商品的花销则会在同商家结算后再补发给兼职者。

据了解，参加这种充场排队活动的"托"大多是在校大学生，也有带小孩的全职妈妈，他们给出的兼职理由多是："下午没课，没事干""好玩，见识一下""图个免费吃喝""排队又不耽误时间，还有点报酬，又可以免费吃"。对于这种充场作假行为，参与者不以为然，认为"长沙人从众心理强，帮忙排队撑个场很正常"。

雇"托"排队行为也涉嫌消费欺诈。商家雇"托"排队是利用了消费者的从众心理，以雇人先购买后退款的方式，故意隐瞒真实销售情况，向消费者展示虚假的火爆销售场面，欺骗性地诱导消费者作出购买的决定，可以认定为欺诈行为。

根据《侵害消费者权益行为处罚办法》规定，商家不得采用雇佣他人等方式进行欺骗性销售诱导，否则将面临被工商行政管理部门警告、没收违法所得、处以违法所得一倍以上十倍以下罚款的处罚，情节严重的，还会被责令停业整顿、吊销营业执照。

什么样的门店会雇人排队？大多是网红店。其目标消费群体"90后"有较强的从众心理，雇托刷评论、排队，可快速积累品牌人气。真正叫好又叫座的网红店最终还是要靠品质和服务制胜。一旦刷评论、雇人排队的行为被曝光，网红店的形象和口碑将迅速崩塌。

第七章
长红店胜者模型：控货、控店、控心智

喜茶创始人聂云宸指出："并不是哪一个点做得突出就会火，而是任何一环都不能有短板。无论管理运营还是产品，以及选址、拓展，都很重要。"

真正的长红店，任何一环都不容许出现短板，网红店的持续火爆或持续盈利是一项系统性工程，涵盖产品创新、成本控制、供应链、运营管理等诸多方面。

系统作战能力强，才是真的强！

★ 一、长红店：系统作战能力强，才是真的强

网红店是互联网经济时代新型营销模式的产物，大多保鲜期非常短，对消费者的吸引力更多表现在"尝鲜"上，复购率和回头率非常低，缺乏良好的品牌口碑和忠实的顾客群。

网红店要摆脱"一炮而红，一火就死"的宿命，从网红到长红，需要苦练内功，在别人看不到的地方下狠功夫。

噱头足、营销强，系统作战能力弱，是网红店昙花一现的根本原因。

真正的长红店，任何一环都不容许出现短板，仅仅是产品好或营销做得好，并不是一家网红店能够持续火爆的充分条件。网红店的持续火爆或持续盈利，是一项系统性工程，涵盖产品创新、成本控制、供应链、运营管理等多方面。

喜茶创始人聂云宸指出："并不是哪一个点做得突出就会火，而是任何一环都不能有短板。无论管理运营还是产品，以及选址、拓展，都很重要。"在聂云

宸看来，系统作战能力强，才是真的强。

长期来看，有潜力发展为长红店的网红店，需要做好以下工作。

1. 提高竞争壁垒

网红店爆款网红单品一般火不过两季，其中虽然有消费者喜新厌旧的原因，但产品缺乏足够高的壁垒，容易被竞争对手模仿，才是最关键的原因。

海底捞将"服务"做成超越产品、占领用户心智的第一关键词付出了大量努力，服务是海底捞的长板，竞争对手很难模仿也很难突破这一竞争壁垒。

喜茶所处的茶饮快消行业很容易被竞争对手模仿。为了提高竞争壁垒，喜茶花了大量时间和精力深耕供应链。喜茶还建立了高效率低成本的健康盈利模型，根据消费者需求定制化口味，增强了消费者与品牌的黏性，这些都是喜茶的竞争壁垒。

网红店能否持续活下去，要反思自身的竞争壁垒是不是足够高。

▶【案例 7-1】

主打"茶饮＋软包"的网红茶饮品牌乐乐茶同传统网红品牌一个很大的不同在于，其整体复购率达到了惊人的 70%，原因就在于乐乐茶的产品长板和较高的竞争壁垒。

每个月乐乐茶的茶饮与软欧包都会分别推出 1～2 款新品，每个季度出 1 款爆品，每年出 1 款网红品，而且出一款红一款。针对不同季节（节日），乐乐茶还会推出季节（节日）限定茶饮及软欧包。

为了严控产品品质，乐乐茶不接受加盟，只采取直营店扩张的模式，成本相对较高，一家门店一次性投入 300 万～500 万元，扩张速度并不快。乐乐茶所有门店的所有产品均为现制，未采用中央厨房进行商品预加工，限制了产量，但保证了品质。

以上经营策略极大地抬高了乐乐茶的竞争壁垒，让跟风山寨者几乎无从下手。

长红品牌为了打造让竞争对手学不会的能力，都在苦练内功，努力修炼自身的长版，比如人才济济的乐凯撒，网红冰淇淋品牌亚历山达，致力于餐饮标准化流程的蛙来哒。

2. 打造小而美品牌

小而美，顾名思义，指的是小而精致，规模不一定很大，渠道不一定很广，产品数量不一定很多，但都是精品，投注了经营者所有的热情，以匠人之心追求一种极致，小而美品牌的内涵，见图 7-1。

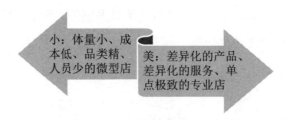

图 7-1　小而美品牌的内涵

小而美的网红店满足以下特征，见图 7-2。

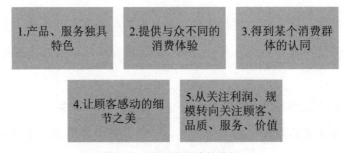

图 7-2　小而美品牌的特征

小而美，对应的是大而全，指的是能在很小的细分市场内将产品和服务做到极致。从更广义的范围看，小而美就是那些规模不大但却有着独特价值的实体店。

比如鲍师傅、喜茶这些网红品牌店面都不大，喜茶的用户体验可以媲美星巴克，却比星巴克价格低，比普通茶饮品牌价格略高，但大众能够消费得起，我们称其为小而美品牌。小而美品牌都有一个爆款单品，它们以口感好、性价比高、外观美、体验佳为核心卖点，比如鲍师傅的肉松小贝，喜茶的芝士奶盖茶。

小而美有两个标准。

一是"小"。即指那些"功效独特"、能够轻松聚焦到某一"特定消费群体"的商品或服务。"小"并非是指商品的大小和价格的高低，只需针对特定的消费群体，而不必针对大众市场做全面推广，也因此，它们付出的营销和销售费用相对是较少的。

二是"美"。即指卓越、极致的产品、服务和体验。相对于"小"而言，"美"讲的是一种深度。对顾客及其需求理解越深入，商品和服务也就越"美"。

小不是市场小，而是指细分市场可以满足某个群体认同的需求；美是细节之处让用户感动，经营方式有创新，追求极致，产品、营销、服务等多维度打造最佳客户体验；从大规模、标准化到聚焦消费者个性化、人性化的回归，满足碎片化的需求。

3. 提升消费体验

"无产品，不营销"，这是实体店生存的一个正向逻辑，个别网红店却反其道而行之，奉行"无营销，不产品"的运营逻辑。

网红店不持久的根源在于没把心思花在产品和服务上，导致顾客期待过高，而消费体验却是"不过如此，并没有营销说得那么好"。如果消费体验上的落差较大，就很难产生复购。反之，如果顾客发现店内的产品、服务做得同营销一样好，甚至超出预期，就会产生复购和正向口碑。

▶【案例 7-2】

西木栗子作为糖炒栗子中的网红品牌，特别注重提升消费者的到店体验。

首先，升级门店视觉体验。鹅黄色是西木栗子门店和产品包装的主色调，具有区别传统门店的时尚感。

其次，由于糖炒栗子存在一定程度的报废率，为了减少报废产品对顾客体验的负面影响，在顾客购买产品时，西木栗子会额外赠送给消费者一个"原谅杯"，上面写着"栗子难免有坏的"，用以补偿顾客，十分贴心，诚意满满，顾客体验和满意度自然大大提升。

为消费者提供超预期体验，是网红店到长红店的必经之路。

4.强化供应链打造能力

实体店做到最后，比拼的还有供应链打造能力。上游供应直接关系到门店的产品供应、品控和产品体验，是实体店内功打造的一部分。

5.品牌的运营体系要足够好

运营体系是否顺畅合理，直接影响门店的出品效率、出品标准、服务标准和服务体验，长红品牌背后都有一套完善的运营体系。

6.商标注册工作需前置

不管是鲍师傅、答案茶还是鹿角巷，都曾因为商标问题陷入一波三折的维权困局，极大影响了品牌的正常运转。网红店要想避免被山寨问题困扰，一定要提前注册商标，防止火了之后因商标问题被山寨店肆无忌惮地复制，甚至反客为主。

★ 二、长红店胜者模型：控货、控店、控心智

知名投资人、今日资本总裁徐新总结了零售业成功的"胜者模型"（winner pattern）：控货、控店、控心智。这其实也是网红店主的"胜者模型"和"长红模型"，特别是采用品牌连锁发展模式的网红店。

1.控货：掌控供应链，建立自有品牌

控货，即掌控供应链，做自有品牌商品。好市多、阿尔迪、迪卡奴采用的都是"供应链为王"模式，不仅拥有终端销售门店，还掌控了上游供应链，拥有自主品牌，向上游合作商下订单即可，选品、原材料供给、品质把控等环节都能掌控在品牌方手中，有助于成本、品质控制，提高竞争壁垒。例如，美国好市多超市自有品牌产品占比为30%，德国阿尔迪自有品牌产品占比高达90%。

▶【案例 7-3】

迪卡侬是一家法国零售商，在电商冲击，竞争对手频频收缩战线、关停门店

的背景下，它却实现了逆势增长。2003年迪卡侬进入中国，至2021年已遍布全国46座城市178家商场。根据官方发布的信息，迪卡侬集团2022年全球销售额达到144亿欧元（约合人民币1012.32亿元），全产业链掌控的模式让迪卡侬产品具有较高的性价比和竞争力。

同好市多、阿尔迪等零售商一样，迪卡侬的核心竞争力也体现在产品的高性价比上，这得益于其全产业链布局——迪卡侬构建了包括采购、设计、生产、品牌、物流、零售等在内的完整的体育用品产业链，剔除了一切中间环节，将产品质量和成本的控制权牢牢把控在手。

迪卡侬拥有20多个自有品牌，生产基地遍布摩洛哥、土耳其、中国等成本相对低廉的国家和地区。

迪卡侬通过优化产业链来掌控设计、零售等高附加值的环节，而对于生产等低附加值环节，则通过"全球布局"思维，根据不同地域劳动力成本、汇率、安全等情况随时做出调整。

2. 控店：通过直营店、加盟店增强获客能力

控店，即通过门店扩张的模式，借助直营店、加盟店布局线下网点，强化线下获客能力，强化线下门店对线上流量的承接能力。

3. 控心智：利用门店提升品牌知名度

控心智，指的是品牌利用密集的线下门店布局来提升知名度。提高品牌知名度最好的办法是把更多的门店开在大街上，让顾客能够天天看见。

在徐新看来，能够让一个城市里20%的人经常可以看得见店面，才算建立了一个零售品牌。因此，做线下品牌一定要在一个城市、一个区域一口气达到20%的覆盖率，而不能东一榔头西一棒子零散开店。

瑞幸咖啡宣布的"万店计划"，实际上就是借助快速、高密度开店的模式争夺边缘化市场，抢占顾客心智。

密集开店需综合考虑成本投入、单店盈利能力以及市场饱和度，否则，最后可能会陷入单纯的资本游戏和盲目扩张。

▶【案例7-4】

元初食品是厦门一家以自有品牌商品为主的连锁生鲜商超品牌。在发展过程中，该品牌践行"三控"模式，低调运作了很多年，练就了很强的内功。

第一，控心智。在厦门，元初食品门店已达91家，是有着高口碑度、高忠诚度、高频光顾的社区超市。随着商业模式越来越成熟，已完成厦门市场布局的元初食品进军大连（19家门店）、深圳（11家门店）、泉州（12家门店）等地，稳步扩张。

第二，控货。自有品牌是元初的脸面和生命。早在2018年，元初食品自有品牌商品占比就达到了56%以上，覆盖五谷杂粮、休闲零食、南北干货、酒水乳饮、海鲜水产冻品、调味料、生鲜制品等1650个以上的SKU。

自2001年以来，元初食品培养了自己优秀的全球食品买手。拥有元初Sungiven、元童Onetang、元和Yuho、元实Ontrue等以"元"字为前缀的，以及用于直采进口酒水的元喜荟Sunfreesia、桑伯格Sünnbörg等自有品牌商标，其中既有国货精品，也有来自世界各地的精选美食，在国际市场、国内批发渠道以及元初自有连锁超市同步上市。

在食品品质内控方面，元初食品与厦门大学共建食品安全研究发展中心，主动导入第三方检测机制，确保食品的安全和品质。在经营实践中，打造出一套消费者可识别、供应商可追溯、渠道以品牌作保障的复合型生鲜食品安全管控体系，即"元初标准"。只有通过元初内控标准的生鲜、熟食类产品才能使用"元初蔬果""元初肉铺""元初鱼铺""元初烘焙""元初乐厨""元初花圃"等自有品牌品类标识。

元初食品坚持用元初标准来约束供应链，保证产品品质。

第三，控店。元初食品线下100多家自营门店都体现出强获客能力，并在基础店型上不断迭代创新，目前已探索出元初到家、元初食堂、元初品类店等凸显便利性、多样性的新业态门店。

▶【案例 7-5】

新零售品牌良品铺子是徐新的投资企业之一，该品牌在运营中也在践行"三控"理念。

在控货方面，良品铺子并未一味扩大 SKU，而是选择将品类做少、做精，降低品控压力，形成品牌—产业壁垒。良品铺子始终坚持做供应链，从原材料开始把关，中间不断强化质量检控，强调"好的品质才能有好的味道"。

在控店方面，线下门店采取"直营＋加盟"模式，未采取激进的扩店打法，而是控制总数后逐步将二者的比例控制在 1 ：2。结构的优化不仅保证了基本盘的稳定，也节省了一部分直营带来的重成本问题。

在控心智方面，良品铺子通过明星代言、用户分层定位方式攻占年轻用户心智，让年轻用户一想到吃零食就联想到良品铺子。其次从开店策略来看，良品铺子选择在一个局部区域密集开店，让区域内 20%、30% 的消费者天天都能看到、想起。

在徐新看来，只要做好控货、控店、控心智这"三控"，就能成为一个值得投资的好企业，未来的发展不会差。

网红店可从"三控"入手，补齐经营短板，实现理性扩张，平衡网红与长红、线性增长与非线性增长之间的矛盾，提升生存力和竞争力。

★　三、长红店修炼（1）：产品力打造

长红店"长红"的根本是产品质量和服务为王。

互联网营销手段不能让二流产品、服务变一流。商家做一个产品或服务，在还未做到位、没有研究透的情况下，就用互联网营销思维迅速推广，它死得可能会更快。如果单单是产品、服务做不好，也许还能生存三五年，但若加上互联网营销，便会无限放大它的缺陷和不足，加速它的死亡。

互联网是企业、商家的一种生产、运营工具，当所有企业、商家都掌握了

互联网工具，完成了互联网转型，商业将会重归本质，回到产品质量和服务精进上来。

百度总裁张亚勤曾谈道："真正商业的本质并没有改变，我听说有互联网餐馆，互联网餐馆如果菜不好吃，服务不好，卫生不好，环境不好，怎么培养互联网思维都没有用。老潘房子建不好，设计再漂亮，再会营销，还是卖不出去，最终还是质量和服务重要。"

网红店如果在产品或服务上有独到之处，同样不可能被颠覆，起码生存力会更强，生存更久，不会"一火即死"，昙花一现。观察市场上那些存续时间比较长的网红店，都有一个共性：在产品力塑造上有独到之处。

1. 鲍师傅：产品味道确实好

鲍师傅作为烘焙领域的网红店，中间遭遇过各种山寨品牌的围堵。即便山寨品牌都销声匿迹了，它仍然还能屹立不倒，因为它的产品做得好，味道确实好。

鲍才胜开在中国传媒大学附近的门店最早名叫鲍仔西饼屋，店里出售的都是当时普通的蛋糕和面包，生意不温不火。为了打破僵局，鲍才胜和妻子日夜钻研，研究新品，终于将"肉松小贝"试制成功，它将咸香的肉松和甜润的沙拉酱搭配起来，甜咸适中，松软可口。

肉松小贝一上市，就成了店内的招牌和爆款，每天排队购买的顾客络绎不绝，鲍才胜的小店还因此上了电视，他顺势将店名改成了鲍师傅。

2017年，大量的山寨门店出现，鲍才胜去实地探查之后发现，那些山寨门店所用的原料同鲍师傅根本无法相提并论，很多假冒门店仅仅几个月后就草草收场，关门了事。

面对越来越多的山寨品牌，鲍才胜将打假维权事务交给了专业的律师团队，自己则专心研发新品。有很多网红甜品和糕点都是鲍师傅先上市，然后迅速模仿跟进。比如一度很火的奶贝和榴莲小贝，都是鲍师傅首创。在小贝的吃法上，鲍师傅说第二，没人敢说第一。

鲍才胜一直选用最好的原料。拿肉松小贝来说，烤面包胚用的鸡蛋价格都要比普通的高一倍甚至更多。为了用到最好的肉松，他找到了国内最大的供应商。

就连小贝之间夹的那层沙拉酱，用的也是丘比最好的那一款。

鲍才胜称自己最早在中国传媒大学开店的时候，原材料就向大品牌看齐了。如今鲍师傅估值已经超过100亿元，更不会在原料上偷工减料。相比一些已经升级为工业预制品的中式糕点，鲍师傅一直坚持现场制作，保证新鲜度和口感。

不偷工减料，货真价实，确实好吃，这都是很朴素的商业经营逻辑，部分网红店就是做不到。

2. 奈雪的茶：产品迭代与微创新

茶饮行业竞争激烈，同质化严重。以奈雪的茶为代表的头部茶饮品牌，一直都是推动产品迭代和创新的生力军。

仅2020年，奈雪的茶旗下门店就累计推出了100多款新品，其中茶饮/咖啡37款，烘焙产品54款，新零售产品36款，上新的产品也都有不错的销售数据。2021年，奈雪的茶在完成C轮1亿多美元融资后，宣称将会继续加大在产品研发上的投入。

奈雪的茶产品迭代的主要途径包括：

第一，紧跟潮流趋势打造差异化爆款。消费者的需求和当下流行趋势一直是奈雪的茶研发新品的灵感来源。2020年，"气泡+"概念在年轻消费者中备受追捧，奈雪的茶就将"冒泡"作为上半年产品创新的关键词，将新鲜水果茶与气泡口感创新结合，先后推出霸气荔枝气泡茶、噗呲柠檬气泡茶、噗呲水蜜桃气泡茶、噗呲西柚气泡茶等系列产品，鲜果气泡茶在很多门店一经推出供不应求，极受欢迎。

第二，实现经典产品生命力的螺旋式上升。即针对经典产品进行持续创新，延长销售周期，实现经典产品生命力的螺旋式上升。芝士水果茶曾是奈雪的茶的经典产品，2020年，奈雪的茶在水果茶的基础上融合打造出创新产品"水果撞奶"，"撞撞"系列产品有三款——"葡萄撞撞宝藏茶""蜜桃撞撞宝藏茶"以及"冰博克草莓撞撞宝藏茶"。三款新产品在上市当周就成为奈雪各大门店的销量担当。

第三，进行跨界创新，推出咖啡系列产品。奈雪的茶创始人彭心表示："咖啡和茶这两个品类不是对立的需求，从数据分析来看，奈雪有80%的顾客既喝茶又喝咖啡，需求重合度极高。"

2020 年 11 月，奈雪的茶在保留经典产品基础上，推出 7 款新的精品咖啡，几款经典产品也进行了微创新，从牛奶入手打造差异化，比如燕麦咖啡选用植物基燕麦奶产品，冰博克拿铁使用醇厚度更高的牛奶产品。从市场反响看，这种跨界尝试也得到了消费者的认可。

鲍师傅的创始人鲍才胜曾说："烘焙行业有一个怪理论，5 年洗一次牌，一成不变的，就会被洗出去。"不止是烘焙行业，任何线下实体领域，一成不变者都会被洗牌出局，只有坚持推陈出新者才能历久弥新。

3. 喜茶：全链路的食品安全管控体系

产品安全是底线，一旦出问题就是大问题。加强对产品安全的管控，是每一家产品提供商必须奉行的基本准则。

作为新茶饮行业的重要参与者和推动者，喜茶为了给消费者带来一杯安全的茶饮产品，建立了完备的食品安全管理制度和岗位责任，打造了一支食品安全管理专业团队。同时，喜茶还根据新茶饮行业的特征，建立了全链路的食品安全风险防控体系，推出了食安专员制度，协助门店实现"培训—检查—追踪—落地"的食品安全闭环管理。

2022 年以来，喜茶通过现场＋视频的督检方式对旗下门店进行高频检查，督检频次是行业平均水平的 12 倍；喜茶专业食安督检员到店检查 8870 次；喜茶门店员工参与食品安全培训达 33914 人次；喜茶门店接受并通过各项政府检查600 余次。

喜茶还积极引入和接受第三方参与、监督，比如在 2022 年，喜茶引入华测、天祥、SGS 等第三方专业检测机构对门店水冰抽检 1677 次；聘用艺康、特斯科、马氏等第三方专业消杀机构到店消杀 17759 次。

正是由于对产品安全和质检的高度重视，以及对产品品质和食安管控的极致追求，2022 年 12 月 18 日，在由中国食品健康七星公约联盟发起的第十一届中国食品健康七星奖颁奖活动中，喜茶以卓著的食品安全与品质管理表现荣获"年度七星奖"，这是中国食品行业最权威的代表性奖项之一。

经纬创投合伙人左凌烨有一个观点：一个好的企业服务类公司几乎不可能被颠覆。专注于产品打磨，专注于产品创新，专注于产品品控，潜心进行产品力打造的网红品牌，已经初步具备了长红的气质。

★ 四、长红店修炼（2）：人才系统

实体店的发展与扩张，关键有三点：人才！人才！人才！

很多人认为，线下实体店门槛很低，只要拥有一个好产品，或者服务好，开出一家或几家很火的店其实不难。但事实上，做大做强一个门店并没有那么容易，要做成连锁品牌更是难上加难。门店经营及复制，最大的难题是人才。门店的复制，其实就是人才的复制，尤其是店长的复制。

制约实体店发展的一个重大因素就是人才，既包括运营团队，也包括店长和一线店员。如何打造门店的人才系统？让我们来看看知名网红连锁品牌乐凯撒、探鱼、海底捞等是怎么做的。

1. 乐凯撒：超级运营团队

投资，在很大程度上就是投人，投运营团队。乐凯撒之所以能被红杉资本看中，成为内地第一家被投资的餐饮企业，就在于其拥有强大的运营团队。

乐凯撒创始人陈宁毕业于电子科技大学计算机系，曾任职于国人通信，负责海外市场，担任过深圳新百富餐饮管理有限公司总经理。

2009年，陈宁创办乐凯撒。乐凯撒的创始团队成员多是来自华为、中兴通讯等企业的高知人才，非餐饮领域的人才为乐凯撒带去了全新的创业视角。

由于创始人团队的IT行业背景，乐凯撒创始之初就比较重视数字化建设，在公司的职能团队里，始终有20%～30%的工作人员是IT部门的。不管什么时候，乐凯撒都始终保持这个队伍不裁人。

在乐凯撒的核心运营团队中，数字化人才大多来自科技企业，比如乐凯撒的首席技术官是华为2012实验室（被誉为"华为最神秘组织"的核心研究机构）的互联网专家。

其品牌人才则来自国际知名品牌，比如乐凯撒的首席品牌官曾任杜蕾斯公司北亚区品牌负责人，之前还在宝洁和箭牌等企业负责北亚的品牌业务。

其供应链人才都来自国内知名企业，比如乐凯撒的采购总监和供应链副总监都来自中兴通讯，都是 985 高校毕业生，工作经验在十年左右，在各自的专业领域有非常好的沉淀。

在咨询人才方面，供应链咨询领域，乐凯撒找了麦当劳的合作伙伴夏晖共同组建了一个团队；信息化咨询方向，乐凯撒找到了德勤（世界四大会计师事务所之一），请他们来做信息化方面的咨询。

在食品安全人才方面，乐凯撒拥有 20 多人组成的食品安全部门，在世界顶尖食品安全公司艺康的助力下，组建了新的食品安全团队。

乐凯撒的 IT 团队非常强大，品牌所用的大部分系统都是自行研发的包括门店收银、会员等核心系统。乐凯撒还研发了一款门店的智能盒子，一方面降低了能耗；另一方面也可以作为今后边缘计算的节点，以及智能门店和智能设备的接入口。它属于工业级的工控盒子，功耗很低，只有市面上收银机的 20% 左右，1 家门店 1 年省下来的电费就有 500 ～ 1000 元。

在乐凯撒，经过两年训练、具有丰富经验的店长可以做到 60% 左右的判断准确率，而现在机器（IT 团队研发）取代了店长，能够给出 85% 准确率的销售额预判，要远高于店长的判断力。

乐凯撒以高知背景的创世团队为依托，配合各个领域的顶尖外援共同打造品牌，打造产品，提升了竞争壁垒和品牌力。

2. 探鱼：团队搭建要有超前意识

计划进行门店扩张的品牌，在团队搭建上要有前瞻意识，提前做好人才培养与储备，进行适当的人才超配。

探鱼是连锁烤鱼品牌，其创始人李品熹在人才配置上颇具前瞻意识，以下是李品熹的自述。

"当开店开到 10 家以上时，每个有远见的创业者大概都会思考一个问题：我必须找个能人来管理了。

......

举个例子，餐饮连锁很重要的一块是后厨管理，包括菜品的研发和厨师的培训。当你的连锁规模超过 10 家，你就必须找个专业的人员去帮你打理。

而且这个人的能力，不是只够管十几家店就行了，他最好能有管理 100 家店的经验。我把这种观念叫作'超配意识'。

也就是说，你的管理配置必须高于现有的规模。

实际上，"探鱼"在只有 6 家店的时候，我就去请了一个行业大牛担任研发总监，他曾经在五星级酒店做了近 6 年的行政总厨，后面又在联合利华和雀巢各做了五年的高级厨务顾问。

......

最终，他答应加入探鱼，直到现在，他都能够完全掌控。当然，忘了说更重要的一点，钱要给够。

所以我的心得是，在条件允许的情况下，找能人不只是应对现状，更重要的是应对你的野心和目标，至少是你 5 年后的目标。

带着这种超配意识，探鱼的很多管理团队都在提前布局：

比如，在我开前几家店的时候，整个组织的架构是很小的，我甚至不需要一个正式的财务岗位。工资表，我自己都能做出来，或者外包就行了。

但是，从第 5 家店开始，我请了一个专职会计，到第 20 家店的时候，我请了总经理和一个能够管理 100 家餐厅的专业团队。

团队管理上的超配意识，从短期看付出很大，因为你要花足够多的成本去请到最好的人才；但从长期看，你实际上为后面的连锁扩张搭好了钢筋铁骨。"

人才培养和储备上的超前意识，能够让门店扩张起来更加游刃有余，不至于因人才团队扯了后腿。

3.海底捞：完善的晋升机制

线下门店之所以留不住人，原因在于员工缺乏足够的发展空间和晋升通道。如果能在晋升机制和员工职业发展上推出一些实质性的举措，就能大大降低门店员工的流失率。

海底捞非常重视员工的个人发展和职业走向，提供了完善的晋升机制和晋升通道。在海底捞，每个新来的员工都有三条晋升途径可以选择：

第一，管理线：新员工—合格员工——线员工—优秀员工—领班—大堂经理—门店经理—区域经理—大区经理；

第二，技术线：新员工—合格员工——级员工—先进员工—标兵员工—劳模员工—功勋员工；

第三，后勤线：新员工—合格员工——级员工—先进员工—办公室人员或者出纳—会计、采购、技术部、开发部等。

在海底捞，学历和工龄不再是员工晋升的必要条件，不拘一格选人才的晋升政策不仅让海底捞处在社会底层的员工（大部分都是农村出身，没上过大学的年轻人）有了尊严，让他们相信：只要努力，人生就有希望。

袁华强就是一个很好的榜样。高中毕业后，19 岁的他走出农村老家，去海底捞打工。他最初的职位是门童，后来做到了海底捞北京和上海地区总经理。他说："只要正直、勤奋、诚实，每个海底捞员工都能够复制我的经历。"

对于那些没有管理才能的员工，通过任劳任怨、脚踏实地的工作，工作价值也能得到认可，也可以得到可观的收入。如果在海底捞做到功勋员工，其工资收入和店长不相上下。

晋升机制就是留人机制，完善的晋升通道、发展空间是品牌人才系统打造的必备要件，是门店裂变和人才复制的基础。

★ 五、长红店修炼（3）：供应链能力

1992 年，宏碁集团创办人施振荣先生提出了产业链的"微笑曲线"（Smiling Curve）理论。微笑曲线是呈微笑嘴形的一条曲线（见图 7-3），两端朝上，在产业链中，附加值更多体现在两端的设计和销售环节，处于中间环节的制造附加值最低。

图 7-3　微笑曲线

著名战略学家迈克尔·波特教授在其价值链分析模型中强调，产业链的不同阶段增值空间存在很大差异，维持上下游竞争优势对构建企业核心竞争力意义重大。

线下实体店是直接面对顾客的销售终端，位于微笑曲线的营销、销售环节，处于相对有利位置。但当所有竞争对手都处于同一起跑线时，这种优势将不再是优势。

如何打造更有利的产业链环境，是网红店要去考虑的一个问题。长红品牌都善于塑造供应链能力，营造更有利的竞争和合作环境。

1. 奈雪的茶：精准把控供应链，确保品质

核心原材料能否按时保质保量供应，将直接影响门店的产品品质、产品产能和用户口碑，对上游供应链的有效掌控是网红品牌的核心能力之一。

奈雪的茶作为鲜果茶的开创者，霸气芝士草莓是其爆款产品之一，对新鲜草莓的需求量特别大，仅 2021 年，奈雪的茶消耗的草莓就达 3000 吨，上游草莓供货商有 20 多家。奈雪的茶主要通过以下措施来对供应商进行把控。

第一，产品高标准。奈雪的茶对草莓有独特的要求，比如不能要那种特别甜的，需要有点酸度，还要保证果肉的硬度，打碎时要有颗粒感。

第二，需无土栽培。由于土壤里一般都带有病菌，而无土栽培的草莓则能从基质上保证种植安全。整个种植过程不允许使用农药，确保草莓的安全性。

第三，采取数字化种植技术。为了保证上游供应商种植基地的草莓保持一致的口感、软硬度和外观，奈雪的茶要求供应商采用数字化种植技术，草莓种植大棚内的光照、温度、湿度等因素均可通过感应设备自动调节。有机基质富含草莓生长需要的营养，只需要自动化智能滴灌带软管浇灌即可，也在一定程度上降低

了合作方的人工成本。

目前，奈雪的茶已经累计和 300 家供应商建立了长期合作关系，将数字化管理模式渗透到了供应链侧，实现了从源头上对原材料的品质进行控制。

2. 乐凯撒：标准化供应链体系

乐凯撒比萨创立于 2010 年，现拥有超过 170 家直营门店，遍布上、广、深地区，其首创的榴梿比萨更是风靡全国，一直被同行模仿，但从未被超越。乐凯撒是红杉资本在国内投资的第一家餐饮企业。

对产品，乐凯撒始终秉持工匠般的精神与信仰。对原材料，乐凯撒坚持从全球范围甄选优质食材，确保所有原料采购均来自合格供应商，保障食材源头的安全。其中，芝士是来自新西兰供应商恒天然的进口产品；榴梿由东南亚原产地直供，优选 15 年以上树龄的榴梿，通过食品安全 GMP 与 HACCP 认证，无添加纯果肉；牛油果来自南美，口感醇厚，含油量高达 25%，胆固醇几乎为零。

在供应链管理上，乐凯撒借助其自主开发的食神餐饮 ERP 系统，打造了一套完善的供应链流程（见图 7-4）。

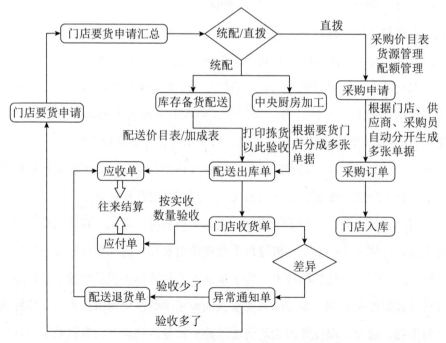

图 7-4　乐凯撒食神餐饮配送中心流程图

借助食神餐饮 ERP 系统，乐凯撒汇总门店需求后，总部统配系统会自行查询库存，有库存的货品将直接为门店配送，库存不足的货品则向供应商发出采购申请，这样便能有效提高原料采购及配送效率。总部的统配系统还会随时进行库存及订货数据分析，做出采购预测，确保原料供应的顺畅。

不盲目跟风，不急功近利，而是稳扎稳打，专注打造标准化供应链体系和高品质产品，建设信息化管理模式，这是乐凯撒没有被时代淘汰，得以持续稳健快速发展的关键。

3. 喜茶：进军上游，自建供应链

直接进军上游，自建供应链，是强势品牌掌控供应链的终极措施，需要重资产投入。

走红后的喜茶除了继续发力互联网营销，还在强化供应链能力的打造，其创始人聂云宸指出："不光坚持茶园直采，喜茶还会根据市场需求去定制茶、培育茶，从种植土壤到种植方式都会根据消费者需求进行个性化改造，像金凤、四季春、嫣红、绿妍、韵香这些市场原本并不存在的茶底，就是喜茶耗费 2～3 年时间自主研发而成的。2017 年 4 月，喜茶又在供应链后端上线 ERP 系统，以此将供应链信息流打通，实现效率最大化。"

喜茶为了确保原材料供应顺畅，打造供应链能力，自建了 100 多亩香水柠檬果园和超过 7000 亩的茶园，打造了 3 大认证示范果园基地，甄选了 4 片优质奶源示范农场，既保障了原材料的持续、稳定供应，也优化了采购成本。

喜茶还加大了供应链领域的配套投入，建立了 48 个各类型仓库和覆盖 83 个城市的物流配送网络。截至 2022 年，喜茶仓到店控温运输里程已达 775 万公里，大数据规划专属物流车路线 4 万次，喜茶全年原料追溯二维码使用量达 800 万张，各类发明、设计等创新专利达 129 项。

在高效自持供应链网络支持下，喜茶的产品本质从源头上得到了保障。

对于中小商家或单打独斗的实体店而言，直接涉足上游产业不太现实，但可以通过运作，在小范围内实现有限度的产业链话语权，改善生存环境。

同迪卡侬、喜茶直接进军上游产业链不同，宜家对上游供应链的重点放在了

"把控"上，仅仅抓住产品设计和销售这两个处于微笑曲线两端，利润回报最大的环节，其余的利润回报较低的环节基本采用外包的方式完成产业链协同。

宜家通过规模效应提高议价能力，对供应商压价，搜寻性价比高的商品出售给消费者。

为降低采购成本，宜家在全球设有 30 多个代表处，他们在全球范围内不断搜罗供应商，通过规模优势和谈判优势与之博弈，采取评分竞标的方式进行筛选，使得供应商不得不降低价格赢取订单。

为了避免受制于供应商，宜家对产品都申请了设计专利，只是委托供应商生产，这是宜家能够控制供应商的另一件法宝。

对于中小商家而言，应谨慎选择供货商，严把供应流程。

第一，初选供货商。初选供货商，要找出三家以上有代表性的供货商进行综合考察，要重点了解供货商的实力、专业化程度、货物来源、价格、质量及目前的供货状况，划定初选范围。

第二，试用供货商。对同类产品，找出两家供应商同时供货，重点从质量、价格、服务三方面来进行比较，在为期一个月左右的试用期中，记录供货商表现，再确定最终选择。

第三，确定供货商。试用过后，由店长（经理）、财务人员、采购人员组成审查小组，以民主表决的方式集中投票来确定一家供货商。

第四，签订供货合同。确定供货商后，由店长（经理）与供货商签订供货合同，合同期限一般不超过一年。

第五，供货商的更换与续用。在合作过程中，如发现供货商有不履行合同的行为，在合同期满前由审查小组集中讨论决定是更换还是续用。

★ 六、长红店修炼（4）：高效运营体系

1776 年，英国经济学家亚当·斯密在《国富论》中提出"看不见的手"的命题，它的基本内涵是：只考虑个人利益的个体在经济生活中受"看不见的手"

的驱使，即通过社会分工和市场的作用，就可以达到个人富裕、国家富裕的目的。这里，"看不见的手"是指一种在无形中产生作用的资本主义完全竞争机制。

在实体店经营中，也有一只"看不见的手"在起作用。

实体店包含两大系统：前台系统和后台系统。前台系统是大家可以看到的、感受到的、触摸到的、体验到的，是给顾客带来体验的体系；后台系统则是带来良好顾客体验的高效运营体系，这是一只"看不见的手"，是店铺的核心竞争力所在，也是竞争对手很难模仿偷学的一门艺术。

2022年3月24日，瑞幸咖啡公布了未经审计的2021年第四季度和全年财务数据。公告显示，2021年瑞幸咖啡总净收入达到79.653亿元人民币，相较2020年增长97.5%，自营门店销售增长率达到69.3%。自营门店利润也在2021年首次实现年度转正，达到12.528亿元人民币。

截至2021年末，瑞幸门店总数已达到6024家，其中自营门店4397家，联营门店1627家，成为中国门店最多的连锁咖啡品牌。

在新冠肺炎疫情背景下，瑞幸不仅保持了快速扩张的步伐，还成功扭亏为赢，凭借的是其高效的运营体系和运营能力。

1. 数据驱动的运营体系

瑞幸的运营是全链条数据驱动的，覆盖了从开店选址到门店运营的全过程。通过前端交互系统、运营系统、数据分析系统，构建了覆盖门店选址、门店全运营管理周期到人才培养等业务功能的ONE SYSTEM全面系统化管理，实现了管理线上化、操作简单化、数据可视化。以拓店为例，瑞幸运营团队会结合内外部数据生成外卖热力图，提高选址质量。选址的基本出发点不是让顾客找门店，而是让门店找顾客，顾客在哪里就去哪里开店。

瑞幸的数据化不是单一环节的数据化而是全链条的数据驱动，在门店发展从0到1、从1到100、从100到几千的过程中，都有相应的数据沉淀，通过数据赋能运营，才能不断提高拓店准确率，快速获得消费者反馈，提升运营优化空间。

2. 管理职能系统化

在运营端，瑞幸运营的核心关键词是高效。通过大数据驱动，管理可以持续迭代，逐步将所有的管理职能系统化。当前，瑞幸已经做到了全移动化办公，在品控上，实现了自动化管理；在排班上，已经实现了自动排班；物料解冻，已经实现了"自动订货 + 解冻"；员工也可以实现线上训练和交互。

以上组成了瑞幸的系统化管理体系。

3. 智能化食品安全管控体系

瑞幸制定了严格的食品安全标准，通过智能化系统来打造食品安全管控体系，可以做到：所有物料在系统中可追踪，物料到期，系统会自动预警，提示报废处理；智能化的健康证管理，门店员工健康证到期，系统不可再排班；通过门店视频监控系统，对门店操作是否符合公司标准进行核查。

瑞幸非常注重食品安全，在质量管理上实行的是一票否决制，把奖金跟食品安全强挂钩，只要门店出现质量事故，其他方面做得再好也不会发放奖金。

4. 有效管理联营门店

相对于直营店，加盟的联营门店更容易出问题。为了更好地管理联营店，一方面，瑞幸在寻找联营合作伙伴的时候非常注重对经营理念的考察，只有双方经营理念一致，才允许联营。另一方面，对于联营门店，瑞幸也能做到敢管、严管、有方法管。例如，对出现运营疏漏的门店，瑞幸总部有提醒警告、扣款处罚、停业整改、关店清退等多级处理方式，问题一经发现，绝不姑息。

5. 强大的私域运营能力

为了触达更多用户，瑞幸选择在抖音、小红书、微博、微信朋友圈等社交平台进行大规模品牌曝光，在短时间内迅速抓住消费者。

通过引流将用户沉淀在企业微信和企业微信群后，瑞幸开始强化对私域流量池内用户的留存及促活，不断提升复购率。

截至 2022 年第二季度，瑞幸的私域用户已达 2800 万，社群数量超过 3.5 万个。虽然瑞幸的成功不全是私域的功劳，但其庞大的私域流量池锁定了大量老客户，不断为线下门店引流，瑞幸的经营业绩同其强大的私域运营能力是分不开的。

第八章
从流量思维转变到用户思维

网红店是流量思维的产物，由营销优势所带来的流量和人气"保鲜期"较为短暂，流量思维带来的消费者一次性体验居多，不能成为主导店铺盈利的长久之计。

产品和服务是实体店的核心竞争力，也是消费者关注的根本，不可本末倒置。在享受到"网红"带来的流量、知名度等"红利"后，要及时将经营重心转移到用户思维上，学会站在用户角度思考，更好地服务用户，让"流量"变"留量"。

★ 一、从流量思维到用户思维

网红店是流量思维的产物，由营销优势所带来的流量和人气"保鲜期"较为短暂，流量思维带来的消费者一次性体验居多，不能成为主导店铺盈利的长久之计。

产品和服务是实体店的核心竞争力，也是顾客关注的根本，切不可本末倒置。在享受到"网红"带来的流量、知名度等"红利"后，要将经营中心转移到用户思维上。

流量思维到用户思维的转变，要学会站在用户角度思考问题，走到消费者当中去，了解他们关心什么，需要什么，对什么敏感，发现用户需求，更好地予以满足。

1. 从流量到留量

网红店做的是流量生意，当前获取流量的成本越来越高也是不争的事实，各大网红品牌的利润则越来越低，由此产生了流量焦虑。

化解流量焦虑，要从流量思维过渡到留量思维，根据 AARRR 漏斗模型（获客 Acquisition、变现 Revenue、推荐 Referral、激活 Activation、留存 Retention），最关键的一步是让用户留存下来，优秀的生意人会将运营的重点从"获客"转变为"留存"，他们更在意顾客对产品、服务的认可度、推荐度，培养顾客对品牌的信任度、忠诚度，提高留存率。

新冠肺炎疫情期间，乐凯撒比萨大力布局私域，通过线下门店和服务号的触点，以及送小食的福利海报，在企业微信上积累了超过 100 万的私域用户。

客户沉淀进私域后，乐凯撒接下来做的重点工作是提升 CLV（Customer Life time Value，用户生命价值）。

第一，提升留存率。留存率指的是新增用户中，在某个时间周期过后依旧活跃的用户比例。该周期可以是 7 天、30 天、90 天，对应的是就 7 天留存率、30 天留存率、90 天留存率。

乐凯撒主要以社群为载体，通过会员日、互动送福利、卡券包等方式持续激活用户，提升留存率。

第二，提升用户消费金额。提升用户 CLV，还需要提升用户在留存周期内的消费金额，这和私域的付费转化率、购买频次、单次付费的客单价有关。

就餐时间是乐凯撒社群最为活跃的时段，每到饭点社群运营者就会在社群内做今日美食推荐。借助私域的运营，乐凯撒的私域客户复购频次从 1.3 次提升到了 1.5 次，复购率从 19.1% 提升到了 29.4%。

以 CLV 为导向的私域模式，不仅关注沉淀用户数量，还关注用户在私域内的活跃周期，以及在用户消失之前，致力于提升转化率和购买频率、每次付费的客单价。

用户总量、留存率、转化率、购买频次、单次的客单价，是 CLV 型私域模式做业务增长的五大效率提升点，相比于只关注流量、转化、客单价的私域模式，关注 CLV 给乐凯撒带来了更大的增长空间。

留量思维从对流量的关注转移到对用户的关注，去关注他们的诉求和喜好并予以满足，才能做好用户留存，提升 CLV，实现门店业绩的增长。

从流量到留量，并不是对流量思维的彻底摈弃，在不同的发展阶段，品牌流量运营的侧重点也不相同：

第一，新品牌流量运营侧重点。新开实体店、网红店没有足够多的顾客，需要充分借助流量思维，从各大公域流量平台积极引流、获客。待私域流量池足够大时，再逐渐减少对公域流量引流的投入。

第二，老品牌流量运营侧重点。如果网红店已经积累了足够多的用户，具备了一定的品牌知名度，且市场定位、用户画像都已经非常成熟，应尽快转变到留量思维和用户思维，加强对现有私域用户的服务与维系。

是否采取流量思维，不可一概而论，还要结合门店提供的产品、服务类型而定，对于一些低频次的产品、服务，比如家居广场、月子中心、婚纱摄影店、电器商场，用户复购频次非常有限，需要通过常态化的获取新客、拓展新流量来保持门店客流。

2. 从流量思维到用户思维

新开一家门店，假设有两种运营方案。

第一，做直播，做短视频，做小红书，搞私域，做促销，通过各种各样的引流措施来吸引客流，活跃门店人气。

第二，前期做好市场调查，根据目标用户群体画像来设计产品、服务以及价格，针对不同需求提供各种个性化、细分化服务，定期回访顾客，优化产品和服务体验，拉近同顾客的关系。

第一种方案是典型的流量思维，第二种方案则是以用户思维为导向。我们很难简单评价二者孰好孰坏，它们在不同阶段发挥着不同的作用。网红店要实现从网红到长红的跨越，仅仅依靠流量思维是远远不够的，务必要培养并建立用户思维。

▶【案例 8-1 】

2021 年，国美零售提出了全零售生态共享平台的发展主张，旨在将零售从流量思维中摆脱出来，回归到用户思维上。

国美创始人黄光裕表示："我们是靠服务、商品、价格、内容、质量来获得消费者的认同，并不是靠流量的概率来获取交易量。"

国美的用户思维体验在经营细节上，国美零售为行业制定了很多用户服务标准。2018 年，国美管家在全国一二级市场门店与线上平台实施"买贵补、晚就赔、不满意退"的高标准服务执行要求，并逐步形成了独有的"321"服务标准，即 3 分钟响应、2 小时上门、1 次解决问题。

为了方便用户，在国美旗下"真快乐"App 首页的"附近的店"频道中，用户可以看到距离自己最近的门店在哪、店长是谁，以及店内销售的品类。在"生活服务"频道中，则可以直接与国美管家全方位打通，快速预约清洗、维修、保洁等便捷服务。

如今，国美管家已构建了由 3 万多名工程师和 600 多名专业客服组成的服务团队，服务能力已覆盖全国。

用户思维关注的是活生生的"人"，是一个个鲜活的用户，而不再是"流量""数据"，是围绕用户的核心需求和用户痛点，用心去满足用户需求、消解用户痛点的一种思维模式。用户思维旨在从产品、服务、文化、精神和思想等各个层面，满足用户不断增长的个性化、差异化物质需求、文化需求和精神需求。用户思维有三个明显特征。

（1）人性化。用户思维基于特定用户，直接体现对用户的关怀、友爱、信任、尊重及成就等人性元素。

（2）个性化。满足用户的个性化、差异化、小众化需求，不再局限于大众化需求。

（3）多样化。从多个层面，以多种形态来满足用户需求。实体店提供产品、服务仅仅是其中的一个层面、一种形态，只是物质的层面、服务的层面。用户思维的多样化特征更多地体现在对用户文化、情怀、精神和思想层面的满足与关怀。

在用户思维主导下的客户关系中，用户得到的不仅仅是物质层面的满足，更有情怀、精神、文化和思想层面的满足。

★ 二、"交易时代"与"关系时代"

传统的消费关系非常松散，消费者完成一次消费，基本上也就意味着店（铺）（顾）客关系的结束。

这是典型的传统式"交易时代"的店客关系模型。

实体店经营是一个没有终点的航程，商家将产品、服务成功推销给顾客，并不意味着交易关系的结束，而恰恰应该是下一次交易的开始。交易本身也包含三个层面的含义（见图8-1）。

第一层：
说服顾客现
在就消费

第二层：
让顾客在使用产品、享受服务
过程中感到满意

第三层：
顾客满意后再次消费，并将商家推荐给身边的亲朋好友

图8-1 交易的三个层次

顾客可以分为两种：消费过的顾客和没有消费过的顾客。

不断吸引新的顾客前来消费固然重要，但是如何留住那些已经消费过的顾客，和他们建立关系，让他们持续消费，也非常重要。随着获取新客户的成本越来越高，维护现有顾客的忠诚度就变得十分必要。

实体店经营有必要从"交易时代"过渡到"关系时代"，商家有必要借助各种渠道和平台同消费者建立一种长期、稳固的关系。

互联网的无边界和高度透明化颠覆了商家与消费者的地位，消费者拥有广泛的信息来源和至高无上的选择权，决定了商家必须以顾客需求为导向、以用户体验为核心，重构商家与顾客间的供需关系，做好顾客关系维护与管理，将给消费者创造更大的价值、带来极致的产品和服务、带来极致的消费体验作为实体店经营的出发点和归宿，实现顾客关系由"弱关系"向"强关系"的转化。

先有忠诚的、长期的顾客，才有长红的门店。

孩子王创始人兼 CEO 徐伟宏将孩子王的经营模式称为"经营客户"，他认为"孩子王卖的不是商品，而是顾客关系"。

建立新型的顾客关系，不仅需要营销策略、企业资源的配合，更需要制度层面的设计和执行。2014 年，孩子王总部对内部机构做了很大调整：整个公司只保留三个部门——顾客研究部、顾客支持部和顾客经营部，全是围绕顾客而设立。

对于这项极端的机构改革，徐伟宏的解释是，"我更多地希望公司内部的权力可以按照顾客价值多少在内部流动。"

除组织结构调整外，孩子王对公司内部的考核指标也做了改革——从传统的销售额为主线的考核改为以会员数量、互动活动频率和活动次数为重要指标的考核。如果门店的会员数量不能达到 2 万个，店长将被免职；每名店员也要达到管理 350 个会员的目标。

孩子王自成立以来，始终将自身定位为重度会员经济型公司，打造了从"互动产生情感—情感产生黏性—黏性带来高产值会员—高产值会员口碑影响潜在消费会员"的整套"单客经济"模型。

从数据上来看，截至 2022 年 6 月末，孩子王会员总数超过 5300 万，其中活跃用户近 1000 万，企业微信私域运营用户近 1000 万，会员贡献收入占公司全部母婴商品销售收入的 96% 以上。

为了强化对顾客的精细化管理，2018 年孩子王正式推出付费会员——黑金PLUS 会员。截至 2022 年 6 月末，公司累计发展黑金会员超过 81 万人，单客年产值达到普通会员的 11 倍左右。

在线下门店，除了店长、后勤、客服、收银以及分管品类的主管之外，孩子王还设有一个关键职位——育儿顾问。育儿顾问拥有营养师、母婴护理师、儿童成长培训师、全方位专业咨询等多重角色，既懂得顾客的需求，又拥有丰富的育儿经验和育儿知识，可为顾客提供孕婴童商品推荐、孕期咨询、新生儿产后护理、育儿经验专业指导、催乳、小儿推拿等一站式育儿服务。育儿顾问相当于专业能力突出的门店销售人员，能为顾客提供专业的销售服务和育儿咨询，容易获得顾客信任，赢得销售机会。育儿顾问是孩子王进行顾客关系管理的重要资源，当前，孩子王在全国拥有近 5000 名育儿顾问。

对于顾客关系的经营，孩子王借助一款"人客合一"的 App 进行，每个店员都有自己的 App 账号，登录账号即可看到以下信息（见图 8-2）。

图 8-2　"孩子王"App 信息功能

基于 App 信息，店员可以进行更有针对性地引导销售，比如，某个顾客长期未来消费，就可以通过 App 给顾客发送一张优惠券，诱导其消费。

孩子王强化顾客关系、进行关系营销的另一大策略是举办密集的活动。据了解，孩子王每家线下门店平均每天要举办至少三场活动，一是为了销售产品，二是为了吸引新会员加入。

活动即营销，营销能带来利润，这便是孩子王以"顾客关系管理"为核心的盈利模式。联邦快递创始人弗莱德·史密斯有一句名言，"要想称霸市场，首先要让客户的心跟着你走，然后让客户的腰包跟着你走。"

良好顾客关系管理的前提是，找出那些对门店最有价值的顾客。并非所有的顾客都能为商家带来价值，要对顾客进行等级划分，根据其潜在价值进行分级分层管理。

菲利普·科特勒在《市场营销学》一书中，根据获利性和预期忠诚度，将顾客分为四类：

第一，"陌生人"。获利性和预期忠诚度都较低的顾客，其需求同门店的匹配度不高，价值贡献很小，不建议对该类顾客关系管理投入过多。

第二，"蝴蝶"。顾客价值较高，但忠诚度较低，就像蝴蝶一样，短暂停留之后就飞走了，"一锤子买卖"。对这类顾客应当抓住机会予以挽留，但不建议投入过多精力。

第三，"真正的朋友"。顾客价值较高，且具备较高忠诚度，是门店真正的忠实粉丝。应持续进行关系维护、培育和发展，这类顾客会多次复购与分享。

第四，"船底的贝壳"。具有较高的忠诚度，但贡献值较低，就像粘在船底的贝壳，会拖慢船的行驶速度。对这类"性价比"较低的顾客，应果断舍弃。

★ 三、服务力精进：想方设法让顾客再来

先看一个令人匪夷所思的案例：

▶【案例 8-2】

成都一家网红冒菜在各大短视频平台走红，有美食"大V"在抖音上称："这是全成都最'巴适'的冒菜，不吃一回就相当于没到过成都。"

这家冒菜馆的真实消费体验如何呢？来看一名顾客发表的题为"成都'受气'的网红冒菜馆，傲慢的服务员，糟糕的味道，真心劝退"的消费吐槽——

"对于网络上美食自媒体的炒作，我们早已见怪不怪，只要你给钱，什么样的溢美之词都能说出口，甭管味道多难吃、环境多恶心、价格多"麻人"，追求的就是一个理念：成全别人，恶心自己！

首先重点吐槽一下他们店的服务态度，真的是超级糟糕！

我们进店，一位服务员大妈急匆匆地端着菜刚好撞上了一位小姐姐，把油汤

溅到了小姐姐的衬衣上，还没等到小姐姐反应过来，人家先倒打一耙："你注意点嘛，撞翻了咋个办呢？"一句道歉都没有。这位小姐姐也是老实人，一声没吭就走了……"

如此网红店，不仅谈不上服务，甚至还故意给顾客添堵，实在是糟糕透顶。像成都冒菜馆这样的网红店不在少数，网络上经常可见类似的吐槽与曝光——

"北京网红店××斋，顾客投诉服务态度差，以后不会再光顾了！"

"一家服务奇差的烧烤网红店，整个被气到！"

"重庆这家网红店铺，规矩多态度差，消费不满100就撵人！"

"撕开绿茶的面具：网红餐厅服务差，卫生质量堪忧！"

"避雷！邵阳服务态度最差的网红店！"

……

服务差的网红店，部分是由于店铺红了之后老板飘了，服务水准急转直下。还有一部分则是以服务差为荣，甚至以服务差为噱头吸引流量。

互联网时代，顾客可选择的产品和服务越来越多，对产品和服务的要求也越来越高，越来越挑剔。商家应设法去满足他们更高更挑剔的需求，而不是在相反的方向火上浇油，挑战他们的底线。

一项统计数据显示（见表8-1），顾客流失最大的原因不是产品本身，也不是竞争对手，而是服务差。

表 8.1　顾客流失的原因及比率

顾客流失的原因	所占百分比 / %
去世	1
搬离	3
喜好自然改变	4
朋友推荐选择了别的产品和服务	5
别的产品和服务更便宜	9
对产品不满意	10
对服务不满意，感觉对自己冷漠	68

太多的网红店之所以昙花一现，不仅仅是因为产品力不足，还在于其服务力的欠缺。

丽思卡尔顿酒店集团联合创始人霍斯特·舒尔茨认为，做服务并不是做"仆人"，而是要成为绅士淑女，去为绅士淑女服务。服务的真谛，就是运用一切方式让客人愿意再来。

一个很简单的道理，服务就是想方设法让顾客再来，网红店到长红店的经营突破，其实要解决的关键问题就是如何让客人愿意再来。

在舒尔茨看来，无论哪个领域，只要涉及对人的服务，服务对象都有三方面的需求：

第一，希望商家提供的产品、服务或其他内容没有缺陷，没有差错。

第二，服务对象希望服务迅速及时。

第三，服务对象希望能够享受友好的服务。

顾客服务的每个细节都值得实体店经营者"斤斤计较"，随时随地强调以人为本，将人性化融入服务之中，让更多顾客能够看得见、摸得着、感觉得到服务的温度。

1. 服务要注重细节

天使在想象里，魔鬼在细节中。对顾客的服务，细节之处最能展示功力和用心程度。在服务细节打磨方面，日本商家的态度值得我们学习——

•日本很多经营场所都是要脱鞋的，比如料理店、酒店，包括一些商场的试衣间。顾客脱掉鞋子之后，服务人员第一个动作就是要把鞋子整理好，顺着顾客走出的方向放置好，以方便顾客。

•在下雨天，带伞的顾客进店后，服务人员会马上接过雨伞，将雨水擦干净，放在门口，方便顾客离开时取回。

•只要遇到顾客询问，不管服务人员在做什么，都要立马停下来，解答顾客的问题。

•遇到顾客投诉，服务人员不会有任何推脱，没有任何不快，没有任何扯皮，也不管是不是他们的问题，都会代表整个团队致以诚恳的歉意。

·在一些餐饮店、旅店，营业期间服务人员禁止扫地、清洁，以防灰尘影响到顾客。在这些场所，绝对看不到清洁人员拿着拖把走来走去的情景。

·在东京迪士尼，如果有小孩走丢，不会广播找人，他们认为播放令人焦虑的寻人广告会影响游客的心情。东京迪士尼面对走丢的小孩是怎么做的呢？工作人员会蹲下来，掏出糖果，先哄孩子停止哭闹，然后询问他们的姓名、从哪里来、在哪里跟亲人走失。如果小孩年龄小描述不清，他们会将孩子带进迪士尼的托儿所，拿出一摞上面有爷爷奶奶爸爸妈妈形象的图片，让孩子辨认是跟谁来的。接着用同样的卡片让孩子指出亲人的衣着特征。这样，一个个细节敲定之后，就很容易找到孩子的家长了。当家长忧心忡忡地赶来时，孩子可能正在开心地吃糖果，玩玩具。

......

这些看似苛刻的服务细节，在日本都是一些约定成俗的基本服务规范。

总有人抱怨经济形势不好，抱怨生意难做，事实上，相对于提供爆款网红产品，服务领域的商机更多，改善空间也更大。

2. 提供个性化、人性化服务

服务从合格层面提升到优秀、卓越层面，需满足顾客的个性化需求，提供人性化服务。在丽思卡尔顿酒店，曾有客人将从酒店酒廊带回的巧克力曲奇中的坚果都挑了出来，扔进了垃圾桶。这一细节没能逃过酒店服务人员的眼睛，客房服务员将该信息反馈给了上级。次日晚上，当那名客人回到客房时，惊讶地发现一盘不含坚果的巧克力曲奇被放在了床头柜上。

丽思卡尔顿告诉了我们什么才是真正的个性化、人性化服务。

3. 服务客户人人有责

实体店的服务力体现在同顾客接触的每一个人、每一个环节上，搞好顾客服务人人有责，门店所有员工都无法置身事外。

在丽思卡尔顿酒店的大厅，有维修工正在梯子上进行维修作业。此时，一名女性客人拎着行李来到大门口。见此情景，维修工立即从梯子上下来，快步过去为女士开门，并帮助客人拿行李。

出现这种情况并不是维修工个人觉悟或个人素质有多高，而是因为丽思卡尔顿酒店的 24 条服务准则就包括"我们要乐于助人，若能更有效地服务客人，要随时停下岗位上的工作"。

不管是何种类型的门店，也无论多么火的网红店，本质上都是为客人提供服务的，要确保门店所有人员（上至老板、店长，下至普通服务员）在各个环节、各个场景都要具备顾客服务思维，随时响应客人的各种诉求，提供真诚服务，给顾客留下良好印象，让他们愿意再次光顾。

★ 四、恰到好处：顾客服务的最高境界

凡事过犹不及，服务也是如此。过度服务，会让顾客浑身不自在。

所谓"过度服务"，英文表述是 Over-Service 或 Over-Treatment，是指商家为顾客提供了他们并不需要的多余服务。多余的服务不仅无法为客户创造价值、提供心理上的满足，而且还会引起他们的反感。

说起过度服务，许多人都会第一时间想起海底捞。海底捞的周到用心服务当然值得称赞，但过度服务也常常导致顾客不适。近年来，有越来越多顾客开始质疑"海底捞"的过度服务。

一名顾客对海底捞服务的评价是："单位附近就有一家'海底捞'，但是今年很少去了，不因为别的，就是他们的服务员太热情，让我浑身不自在。"

在一个点评网站上，名为"烹饪爱好者"的食客也做出了类似的评论，他认为"海底捞"最大的问题是热情过度，称："我觉得用餐的时候每个服务员都随时盯着你，期待你提出需求……我其实只是想静静地吃个饭……也真的不需要眼镜布……"

账号名称为"渡边鱼子酱"的顾客，在海底捞消费后发布了这样的评论："两个社恐凑一起有多好笑。我之前和朋友去海底捞给她过生日，我俩先把蛋糕藏包里，然后吃饭时偷偷摸摸地从包里挖一勺子蛋糕塞嘴里，怕被服务生看出来她今天过生日，然后举着灯牌拍着手唱着歌，让我们成为餐厅最闪耀的

superstar。"

过度服务的问题，海底捞创始人张勇也意识到了，他在一次餐饮峰会上称有些服务员未必真正理解什么是好的服务，"因为有些服务员总是跑来跑去，可能那时候我们的顾客正好需要安静。"

英国美食评论家 Barry Verber 访问过上千名消费者，得出的结论显示，有49% 的消费者表示最讨厌过度服务的服务员。

水满则溢，月满则亏，服务也要拿捏好分寸。有些时候，商家一厢情愿的热情对于客人来说反而是一种打扰，会带来事与愿违的效果。

过度服务源自商家的主观臆断，错误评估了顾客对服务的期望，或是由于服务人员机械地执行服务规程，未根据实际场景灵活变通，导致顾客反而为服务所累，产生不满情绪。

服务的最高境界是恰到好处。

1. 弱主动服务行为

主动服务行为（Proactive Customer Service Performance，PCSP），最早由Rank 等学者于 2007 年提出，被定义为"个体自发的、长期导向的、持久的服务行为"。

这一概念对客户服务领域具有深远影响，一线员工的主动服务能力和积极行为是服务交付成功的关键。例如那些以服务力著称的品牌如海底捞、迪士尼等，在很大程度上都有赖于员工的主动服务行为。

主动服务行为可以进一步划分为"强主动服务行为"和"弱主动服务行为"两种类型。

过度服务，源于员工的强主动服务行为。在尚未准确了解客户诉求的情况下，从自我角度出发，过分自信、自以为是地为客户提供粗犷、刚性、低差异化的服务，造成了冗余服务和错位服务，不仅不能让客户感受到员工主动服务的价值，还会让客户产生尴尬、不悦、生气等负面情绪。

避免过度服务，一个很重要的改进方向是，将员工的强主动服务行为转变为弱主动服务行为。

弱主动服务行为主张服务人员应在准确了解客户需求之后，提供正中客户下怀、恰到好处的走心服务。弱主动服务行为有三大核心特征：

（1）自发性。指员工在没有任何管理者、同事、客户和规章制度要求下自觉发起的服务行为，包括员工自发提供超流程性服务行为、员工自发与同事合作谋求服务策略，体现了与被动服务的区别。

（2）准确性。强调准确理解和满足客户的确定性潜在需求，避免了员工因强主观性导致对客户不确定潜在需求的错误估计，规避了冗余、错位的主动服务。

（3）共情性。指员工在准确了解客户需求的基础上，站在客户的立场，感同身受地为其提供细腻的、正中下怀式的服务。

商家需要做的，不仅仅是增强员工的主动服务意识，还要充分赋能员工，帮助他们准确、及时地了解客户的真正需求，提供满足客户切实需求的精准服务。

2. 服务恰到好处

服务的最高境界是恰到好处，服务刚刚好，最好（见图8-3）。

图8-3　恰到好处的服务要点

▶【案例8-3】

鼎泰丰是我国台湾地区的餐饮品牌，鼎泰丰的小笼包被称为"全球第一包"，被美国《纽约时报》评选为全球十大餐馆。

鼎泰丰台中一家门店曾在一天内接待了超过 3000 名食客，日翻台最高纪录是 19 次。

鼎泰丰接班人、董事长杨纪华说："只要是跟客人体验接触到的东西，我们都尽己所能提供最好的，止于至善，就是这个意思。"

鼎泰丰的止于至善，不仅仅表现在产品上，还包括服务。

在鼎泰丰，每个员工都要学会观察顾客的一举一动，猜测他们的想法，目的是做到"想在顾客之前"。比如，在鼎泰丰的新员工培训里，有一项"听筷子掉落"的特殊训练课程，服务员要学会根据声音辨别筷子掉落的方位，赶在顾客呼喊服务员之前第一时间给客人送过去。

在鼎泰丰看来，这就是刚刚好的服务。所谓刚刚好，是一种恰到好处的优雅与热情，没有殷切过头，没有为了服务顾客而绞尽脑汁，有的是及时送达顾客所需、令顾客欣喜的独特体验。

提供恰到好处的服务，要善于准确把握客人的需求和客人心理的变化，贴近客人，观察客人的需求。客人的需求包括明示的需求和隐含的需求，明示的需求容易发现，而隐含的需求则要借助系统的培训，使员工通过察言观色、分析客人心理来把握。

3. 适当超出期望值

提供的服务要争取高于用户的期望值，但只能高出一丁点儿，因为服务是有成本的，高出过多期望值的服务，不仅要付出更大的成本，也为下一次服务制造了困难。

4. 服务因人而异

对过度服务做减法，不是简单的一减了之，应根据消费者实际需求，因人而异。比如有的客人就喜欢被一群人围着"过度服务"，如果再一味去做减法，就会适得其反。总之，做减法的目的是提高消费者满意度，提升消费体验，唯一的衡量标准是要让顾客舒服，不可矫枉过正，不要"一刀切"。

★ 五、匠心服务：凡事最怕"用心"二字

在日语中，"匠"称为"Takumi"，意指耗费大量时间、精力、资金，以极致的工艺打造器物。从江户时代以来，历经几百年的锤炼，"匠人精神"已然成为日本制造业和实体商业走向繁荣的重要支撑，是日本商业精神的象征。

匠人做事务必"用心"，用心做产品，用心服务顾客。正像寿司之神小野二郎曾经说过的那样："任何事情，都怕'用心'，只要'用心'，就没有做不好的事业。"

日本线下实体商家在服务上的用心，几乎到了无微不至的程度，值得我们学习。

顾客在商店买好东西，收银员在小票上盖好章后，会仔细用吸油纸按在上面，吸走油墨，防止其他物品被染色；

在餐厅就餐，营业区里的服务员虽然一直在忙，却也能随时看到餐巾纸只剩半盒并及时塞满，而且保持整整齐齐；

日本搬家服务人员非常贴心，在搬运客人的物品前，他们会提前把大楼里的走廊通道、电梯内都装上保护塑料板，防止刮伤物品，还会在楼道处写上："工作中给您造成的不便，请多谅解"；

超市采用的是有坡度可以自动补货的货架，方便顾客拿取。在商场，分别准备有擦拭雨具与身体的毛巾，都在默默传达着对顾客的尊重与体贴，也在昭示着商家的用心。

▶【案例 8-4】

2015 年，图书《帝国酒店恰到好处的服务》在国内出版，介绍的是帝国酒店的服务之道。在长达 100 多年的历史中，帝国酒店传承了真诚待客的优良基因，其注重服务细节的匠心精神表现在：

第一，30 分钟白手套 +1 万日元现钞。帝国饭店的门童戴的白手套，每 30 分钟必须要更换一次，因为门童帮客人拿行李会弄脏手套，要及时更换，以确保

洁白无瑕。

门童还要随身携带 1 万日元的现金（5 张 1000 日元和 1 张 5000 日元），当客人搭计程车找不到零钱或忘记兑换日元时，门童要提供帮助。

第二，客房垃圾要储存 1 天。客人退房后，客人遗留在客房内的任何"垃圾"都要打包好，分门别类存放一天。如果无人认领，等到第二天傍晚再送到垃圾场，避免客人的重要物品遗失。在帝国酒店，曾有客人返回，只为寻找一团丢弃的废纸。

第三，对着关闭的门 45 度鞠躬。当客房的门关闭后，服务人员要对着已经关闭的门 45 度鞠躬，以表达对客人的尊重和致谢，无论客人是否看到。

第四，练嗓 3 分钟再接电话。为避免破嗓，帝国饭店的总机服务人员到岗后的第一件事是练习发声，将接电话的基本礼貌用语和较难的词汇练习一遍之后，才能正式上岗。对客人说出的第一句话，要确保音量、音调、情绪恰到好处，出口的第一个字就必须传达出热情，否则会被认为失礼而受罚。

第五，190 个客房清洁项目。帝国酒店的客房清洁要求不能留下上一位客人的任何蛛丝马迹包括味道，门把手是否有手印、浴缸有无毛发、玻璃杯上有无印痕、便签纸上有无写过的痕迹、闹钟是否准时等，都是客房清洁的考核细节，项目多达 190 个。

第六，把电梯当客房对待。尽管客人在电梯中的停留时间很短，帝国酒店依然会像客房一样精心打造这个小空间，每个电梯都会摆放花瓶，服务人员每天都会在花瓶中插上一支新鲜的玫瑰花，每天早晨 8 点要准时更换，电梯内还有一句温馨的欢迎语——"欢迎来到最小的客房"。

一些到日本考察学习过的商家，回国后也纷纷效仿，增设了儿童手推车、急救药箱、手机加油站、宠物看管等细节性服务设施或项目。但也仅限于硬件设施上的改变，而非从内心感受出发。从细节上以顾客需求为视角的关注还远远不够，因为顾客感受不到他们的真心和用心。

"你必须要爱你的工作，你必须要和你的工作坠入爱河……即使到了我这个年纪，工作也还没有达到完美的程度……我会继续攀爬，试图爬到顶峰，但没有人知道顶峰在哪里。"日本"寿司之神"小野二郎曾经这样说。

实体店的匠心，主要体现在三个方面（见图8-4）。

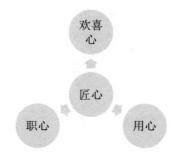

图8-4 匠心的表现

第一，职心。是对自己的态度。脚踏实地、全神贯注、心存敬畏、对产品负责，将产品、服务质量视为生命。

第二，用心。是对服务对象，即对顾客的态度。时刻站在顾客的角度，替顾客着想，永远把服务对象当作"最在乎的人"，这样才能做出最受顾客欢迎、市场认可度高的产品。

第三，欢喜心。是对产品的态度。倾注灵魂，用生命去热爱，才能做出真正有温度的产品。

日本琦玉县晶平锻刀道场是日本武士刀锻造的标杆，道场的主人川崎也是一位传奇锻造师。

一次，川崎在接受采访时，用"技、艺、道"三个字描述了自己的匠人之路。

当学徒的时候，"看山是山，看水是水"，按图索骥，学习的是最基本的锻造工艺。此为"技"。

出师之后，经过不断摸索和试错，开始"看山不是山，看水不是水"，在不忘师承的基础上，开创了属于自己的锻造风格和流派，进入"艺"的层面。

锻造多年，经过无数次升华和沉淀之后，返璞归真，"看山还是山，看水还是水"。在锻造的时候，刀再也不是一件死物，而是一个生命体，仿佛被赋予了灵性，就如川崎自己说的那样——"日本刀是有魂的"。这里的魂，指的就是灵性，亦即我们所说的"艺通乎神"，这就达到了"道"的境界。

古人常说："技近乎道，艺通乎神。"商家打磨自己的产品和服务，要达到这种出神入化的境界，通过长期的坚守，"用心、入神"地去对待自己的事业，去对待顾客，倾注所有情感，让每一项服务、每一件作品都是活的，充满生命，就像是被施加了魔法。

台湾"诚品书店"吴清友说过一番话：服务的最高境界是精进自己，分享他人。

实体店服务破局需要这样一种姿态：精进产品、精进服务、精进自己，以一颗匠心来打磨自己的事业，提供匠心服务。

★ 六、胖东来：被善待的店员才会善待顾客

塔·布克是瑞士著名的钟表大师，瑞士钟表行业的开创者和奠基人。

1560 年，塔·布克在游览埃及时，参观了蜚声世界的金字塔。游览后，他断言，建造埃及金字塔的绝对不是奴隶，而应该是一群快乐的自由人。

2003 年，埃及最高文物委员会通过对大量墓葬考证，证实了修建金字塔的并不是奴隶，而是当地有自由身份的农民和手工业者。

在 400 年前，塔·布克是没有任何证据来证明这一点的，他的判断完全是出于自己的制表经历。

塔·布克是一名天主教徒，1536 年曾因为"亵渎"神灵被罗马教廷以异教徒身份逮捕入狱。入狱后，监狱方面安排他制作钟表，但他却怎么都制作不出日误差小于 0.1 秒的钟表。在入狱前，他制作的钟表没有哪一块日误差大于 0.01 秒。

"一个钟表匠在不满和愤懑中，要想圆满完成制作钟表的 1200 道工序，是不可能的；在对抗和憎恨中，要精确地磨锉出一块钟表所需要的 254 个零件，更是比登天还难。"塔·布克这样说。

推己及人，从自己的亲身经历，塔·布克想到了埃及金字塔的建造者。若金字塔的建造者是满心愤懑和不满的奴隶，金字塔的各个环节就不可能被衔接得那般天衣无缝，连刀片都插不进去。所以，建造金字塔的，一定是一群自由人，而且是虔诚而快乐的自由人。

时隔400多年，瑞士的钟表匠依旧坚持并恪守着塔·布克传承下来的行业准则——"在过分指导和过严监管的地方，别指望有奇迹发生。人的能力，唯有在身心和谐的情况下，才能发挥到最佳水平。"

给顾客提供有温度的服务，首先应将这种温情传递给你的店员、你的员工、你的服务员。善待员工，让他们感觉工作是自由的、快乐的、虔诚的，在这种心境之下，他们才有可能为顾客提供有温度的服务。

1. 员工第一，顾客第二

哈尔·罗森布鲁斯（Hal Rosenbluth）在《顾客是第二位的》一文中指出，公司要想真心使顾客满意，必须将公司员工放在第一位，即"员工第一，顾客第二"。

员工第一，顾客第二，并不是说顾客不重要，而是一种经营理念的转变。从经营观念上看，当然是顾客第一，门店要致力于为顾客提供满意的产品和服务；但在内部管理理念上，应当强调员工第一，如果没有满意的员工，就不会有优质的服务，也就不会有满意的顾客。

星巴克公司已经放弃了"顾客第一"原则，而倡导"顾客第二，员工第一"。星巴克CEO霍华德·舒尔茨（Howard Schultz）在自传《将心注入》中写道："满意的员工，才会创造满意的顾客。"

世界三大快递公司之一美国联合包裹（United Parcel Service，UPS）亚洲区总裁也发表过这样的观点："公司要照顾好员工，员工就会照顾好客户，进而照顾好公司的利润。"

切记：让顾客得到完美的服务，首先要让员工得到完美的服务，员工的能动性和创新能力是门店竞争能力的重要组成部分。没有满意的员工，就没有优质的产品和服务，也就不会有满意的顾客。

2. 提供有竞争力的薪酬

丽思卡尔顿酒店 CEO 霍斯特·舒尔茨指出，首先要确保员工薪酬具备竞争力，能够让员工及其家庭过上好的生活，为社会所尊重。在此基础上还应通过经营者示范，让员工真正理解为什么需要先行成为绅士淑女，让自己热爱工作，理解工作要义，愉快地去接纳高标准的服务要求。

河南许昌传奇零售企业胖东来创始人于东来曾经说过："要把员工当作人来看，而不是赚钱的工具。"早在十年前，于东来就提倡，把 95% 的利润，或者至少 50% 的利润，全给员工分了。

胖东来以工资待遇优厚著称，就连清洁工的收入都要高出同行一大截。

▶【案例 8-5】

前些年，河南的万德隆想复制胖东来模式，结果差距却越来越大，为什么呢？因为胖东来最核心的工资制度他们不敢接轨。后来万德隆的老板王献忠亲自登门找于东来指点迷津。

于东来提了两个条件：

第一，你们的企业我代管一年，我要当董事长兼总经理，你们全部退位，我制定的任何规章制度都不许改。

第二，如果这一年出现亏损，亏多少钱，我赔多少钱。

对方一听，欣然同意。于东来第一站到了河南南阳万德隆，召集中高层会议，宣布：

理货员工资上涨 70%；

中层干部工资上涨 150%；

店长工资上涨 200%。

于东来还带了一张 200 万元的支票，给 20 个店长每人配了一辆车。规定：第一，只要干过 6 年，就可以把车带走。第二，取消万德隆所有罚款制度。

散会后，员工疯了，兴奋得疯了。财务总监也疯了，因为她是王献忠的妹妹。王献忠听说后也疯了，后来想起当初二人的约定，想起反正赔的钱算于东来的，也就不管了，由他去折腾。

结果如何呢？万德隆当月销售提升 40%，一年下来，企业利润 1000 万元，提升 25%。

这就是胖东来的管理逻辑，让员工切实得到实惠，得到丰厚的收入，他们也就能像家人一样对企业负责，对员工用心。

进入胖东来的店面有什么不一样呢？最明显的是顾客所看到的营业员全都笑逐颜开，跟其他地方营业员那种常见的职业性微笑不同，他们的笑是发自内心的，让顾客如沐春风，感觉很舒服。

3. 以人为本的组织文化

只有真正做到了以人为本，以店员为本，将之上升到组织文化层面，才能真正做到员工满意，做到顾客至上，换来满意度、忠诚度高的顾客，获得可持续发展。

黄铁鹰为什么说"海底捞你学不会"？因为竞争对手可以学到提供免费小吃、免费修指甲、免费擦皮鞋等服务行为，却永远学不到海底捞员工脸上发自内心的真诚的笑容。

海底捞的竞争力不仅仅是"变态服务"，还是它能够让员工发自内心、心甘情愿地去为顾客提供这种快乐服务，用海底捞的话说，"员工比顾客重要"。

胖东来也是如此，以人为本的文化表现在各个管理细节中。从 2012 年开始，胖东来就强制每周二闭店休息，目的是让员工享受生活。领导层每周只许工作 40 小时，晚上 6 点后不许加班，抓住一次罚 5000 元。领导层下班后必须关闭手机，打通一次罚款 200 元。胖东来还拥有全国最豪华的超市员工休息室，不仅有全景落地窗、头等舱沙发，还有诚品书店级别的书籍、手冲咖啡设备 / 咖啡豆、健身房、浴室。

就如于东来所说，把每一位员工都当成家人，员工真心热爱胖东来，能够开心地、幸福地工作，这是他最想看到的。

先有尊重员工的文化，才有自动自发的良好服务，这个逻辑不能搞混。

第九章
长红店复购主要靠体验来驱动

网红店之所以不能持久，一个重要的原因在于它无法产生复购，只有流量，没有"留量"。

网红店不论曾经有多火，当网红的外衣褪去，实体店的生意最终还是要依靠回头客复购来驱动，而不是一茬茬的流量收割，做一锤子买卖。

顾客复购主要靠体验来驱动，要从场景体验、产品体验和服务体验三个维度去修炼门店内功，为消费者提供超预期体验。

★ 一、长红店复购的体验驱动机制

网红店之所以不能持久，一个重要原因在于无法产生复购。

网红店不论曾经有多火，当网红的外衣褪去，最后还是要回归到生意的本质，依靠回头客复购来驱动，而不是一茬茬的流量收割，做一锤子买卖。

顾客复购主要靠体验来驱动，包括场景体验、产品体验和服务体验三个维度。

1. 场景体验

高颜值是网红店的共性，在场景体验上网红店具有先天优势。社交网络上被消费者主动分享的网红店，在环境设计上都有一定的特色或高颜值等风格，吸引顾客打卡分享。

在门店空间设计和其他物料装饰上，要营造出独特的场景体验，不仅能让顾客有愿意拍照分享的欲望，还要具备持续吸引他们的魔力。

门店是喜茶为消费者提供极致产品和品牌体验的重要窗口，在门店这一终端场景打造上，喜茶也是不遗余力和独具匠心。

例如，喜茶北京前门大街店充分保留了北京古建筑特色，同时融入了现代摩登设计语言，让顾客体验到了古典与现代相碰撞的东方美学韵味；喜茶深圳南头古城店，则采用了充满地域特色的岭南装饰元素，并借助结构主义的设计手法打造了一个动静结合的空间布局，给人别开生面的独特体验，岭南文化的闲适、淡然同深圳大都市的摩登前卫充分交融；喜茶西安永宁里店的外观设计极具现代气息，同周围的西安古城墙的历史感、沧桑感形成强烈对比，店内空间设计又巧妙融入了兵马俑、古城墙等地方文化元素，让顾客在享受现代茶饮创新产品的同时，也能体验到当地历史文化的悠久绵长。

在考虑门店设计究竟是该关注消费者短暂的注意力，还是要融入当地成为永久性的独特消费与体验的场景时，喜茶毫不犹豫地选择了后者。

在颜值经济时代，高颜值的店内场景无疑是吸引顾客的重要元素，但并不是所有的网红店都只追求门面上的"高颜值"，有些网红店会不断提升产品和服务的质量，用内涵来吸引顾客。

2. 产品体验

相对于场景，产品力是驱动复购的更重要因素，好的产品是顾客产生复购的基础。如果只有场景，而产品体验一般，顾客复购的动力就会大打折扣。

为了满足顾客不断变化的口味需求，从 2020 年开始，喜茶每 1～2 周就会推出一款新品，同时不断升级、改良过去的经典产品，带给顾客更加多元和新鲜的消费体验。

在原料"茶"方面，喜茶通过深耕供应链、定制优质原材料来保证高品质原材料供应。在原料"鲜果"方面，喜茶在定制优质鲜果品种外也形成了规模化优势。

2021 年，喜茶在原有的芝士茶、多肉系列、芝芝系列、波波系列等经典产品基础上，推出了多款获得消费者喜爱的优秀产品，并逐步成为喜茶的"新经典"。

2021 年底，喜茶还以标志性的"多肉青提色"为灵感，与多家消费品牌联名推出灯饰、口罩、香熏蜡烛、饰品、化妆品等不同领域的周边产品，成功开启多肉青提产品 IP 化，给消费者带来了出其不意的消费体验。

在网红产品越来越多的当下，任何一款爆款产品都不可能永久吸引消费者，唯有不断迭代、不断推陈出新，才能持续吸引消费者，提升复购率。

3. 服务体验

门店服务力上一章已经做了重点讲解，服务体验也是影响顾客复购的一大重要因素。服务体验，不仅仅表现在门店服务人员等人为因素上，也体现在消费流程是否顺畅、会员体系是否完善等要素上。

带给消费者身心愉悦的享受和充满匠心的茶饮是喜茶的服务宗旨，喜茶一直都在致力于优化线上和线下的服务流程和消费流程，目的是带给消费者更舒心的消费体验。

在线下门店，喜茶通过技术升级优化了门店服务流程，大大降低了顾客排队取茶的时间。2022 年，平均每单用户到店取茶等待时间比 2020 年减少了 5 分钟，超过 500 家门店能够做到在非繁忙时段 15 分钟内出餐，基本上消除了排队现象，大大提升了消费者的门店消费体验。喜茶还在门店推广普及了智能取茶柜，实现了顾客无接触取茶，不仅提升了门店的服务效率，也在疫情期间让顾客多了一层安全保障。

在线上，喜茶同步优化和升级了线上服务体系，将喜茶"GO 会员"升级为"喜茶会员"，开通了多项专属服务，让会员享受到更多的实惠福利，同时还能获得更佳的点单体验。

喜茶还为级别最高的"VIP 黑卡"会员提供了外卖特权、升级礼遇、茶饮专属等 8 大类 16 项特权，其中还包括"灵感点单通道"和"特权体验卡"2 项黑卡专属特权，让喜茶的会员更加具有身份感，拥有更加尊贵的消费体验。

喜茶以门店场景体验为依托，不断优化产品体验和服务体验，为网红店向长红店、品牌店的成功跃迁提供了一个样本，树立了一个标杆，启示我们：只有持续创新、强化产品、服务体验，才是网红店经营破局的王道。

★ 二、宜家：提供超预期体验

网红店顾客消费体验的好坏，取决于门店期望值管理的优劣。

网红店可以通过线上话题传播或渲染抬高消费者的期望值。如果线下实际消费体验无法达到顾客的消费预期，消费就会变成一次性行为，无法产生复购和口碑推荐、裂变。雕爷牛腩在宣传中声称花了 500 万元买了香港厨神的独家配方，这种话题性营销自然拉高了顾客的期望值，但当顾客实际消费后却发现雕爷牛腩根本没有预期中那么好，这种低于预期的顾客体验就难以形成复购。

如果实际消费能达到或超出顾客的期望值，则有助于产生复购和口碑推荐。

能否为顾客提供超预期体验：一方面取决于门店的产品和服务水准；另一方面也跟期望值管理水平直接相关。

1. 了解顾客的心理预期

打造超预期的顾客体验，首先要弄明白顾客的心理预期究竟是什么。消费场景不同，顾客会有不同的心理预期。举个例子，在高档餐厅用餐，顾客的心理预期不仅仅表现在菜品上，还会在意身份、面子、尊贵感，对餐厅的服务水准和服务仪式就会非常挑剔。在街头小餐馆吃饭，顾客对便利、口味、价格、分量等期望较高，而对于环境、服务等的诉求则相对较低。

对于顾客的消费心理要有充分的认知，了解顾客的消费关注点，根据顾客的心理预期和需求及时调整、优化应对举措，管控好顾客心理预期。可参照以下步骤。

第一步：观察消费者。仔细观察你的消费者遇到了什么样的烦恼、不便和麻烦，你能怎么解决这些烦恼、不便和麻烦，怎样给他们带去更为简洁、方便、省时、低价的解决方案。

第二步：融入消费者。把自己当作消费者，加入他们的社群，去倾听、去发现他们的诉求，听听他们所渴望的解决方案。

第三步：换位思考。把自己彻底换位成目标消费者，模仿他们的生活习惯，使用、体验消费者的生活情境，以同理心去模拟他们的消费场景。就好比宝洁公司的产品研发人员会同消费者一起生活 10 余天，近距离观察他们的行为模式和潜在需求。

第四步：邀请参与。必要情况下，可以让消费者参与到产品、服务的配置、设计、优化中，以凸显他们被隐藏的真实需求，然后再从产品可行性上进行一一甄别。

第五步：做出模型。根据结论，尽快做出一个能够满足甚至超出顾客预期的产品或服务原型来，让消费者小范围使用、体验，及时发现并解决问题，完善产品和服务，快速反应，快速迭代。

2. 提供超预期体验

如何才能为顾客提供超预期体验呢？可以借助"三角定律"和峰终定律。

第一，借助"三角定律"提供超预期体验。根据"三角定律"——顾客满意度＝顾客体验－顾客期望值——若上述结果为正数，即顾客体验超过顾客期望，表明顾客就是满意的，这个正数数值越大，顾客满意度越高；反之，当差值为负数时，即表明顾客体验低于顾客期望，数值越大，顾客满意度也越低，顾客的不满和愤怒程度也就越高；当顾客满意度数值为 0 时，表明顾客基本满意，没有失望，也没有惊喜（见图 9-1）。

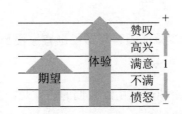

图 9-1　顾客满意度的"三角定律"

基于"三角定律"，提高顾客满意度无外乎三种途径。

首先，提高产品和服务质量，从而提高顾客体验值。

其次，适当降低顾客期望值，将顾客期望值控制在一个合理的范围之内。要想做到这一点，合理宣传就显得尤其重要。切记不要夸大宣传、过度承诺，以免拔高顾客期望值。当其期望得不到满足时，就会转化为深深的失望。

最后，通过提升参与度，让顾客充分参与到消费过程中，提升顾客满意度。

第二，借助峰终定律提供超预期体验。峰终定律是由 2002 年诺贝尔经济学奖获得者、心理学家丹尼尔·卡尼曼（Daniel Kahneman）提出的。卡尼曼认为，人的大脑在经历过某个事件之后，能记住的只有"峰"（高潮）和"终"（结束）时的体验，而在过程中好与不好体验的比重、体验时间的长短对记忆的影响并不大。

如果人在一段体验的高峰和结尾感觉是愉悦的，则其对整个体验的感受就是愉悦的。去海底捞吃火锅，服务员态度友好，服务周到，临走买单时还送一盒小食包。尽管整个消费过程经过了漫长的排队等待，但消费中的峰、终体验都是美好的，顾客就会感觉很满意。

宜家就是根据"峰终定律"来设计门店动线的。客观地讲，宜家的消费体验也有不少不尽如人意的地方，比如店内服务人员比较少，客人的要求无法及时得到回应；门店面积较大且设计复杂，顾客转起来会晕头转向；结账时排队时间较长。

但这些过程中的负面体验都被宜家"峰""终"的正面积极体验所掩盖。宜家的"峰点"体验节点设计有：物美价廉的挂钟、高效美观的展区、可以随意体验的展品、美味可口的小食等，其"终"点超预期体验节点则安排有 1 元冰淇淋。

"峰""终"的超预期体验让顾客忘却了逛宜家漫长过程中的其他不好体验，其整体体验是满意的。

海底捞、宜家对峰终定律的应用给我们的启发是，相对较为平均的、全流程式的顾客体验管理方式，将门店有限资源重点投放在顾客接触的峰点与终点上，可以最大化提高服务效能，从整体上优化顾客体验。

★ 三、名创优品：关注顾客表情指数

线下消费，我们可能都有过这样的体验：

付款后走出门店的时刻，如果购买的商品很超值，自己很喜欢，性价比非常

高，价格又在承受范围之内，内心通常表现得很激动、很期待。

相反，如果商品本身没有太多打动自己的亮点，是在犹豫不决的情况下做出的购买决定，或者是价位明显超出了自己的承受范围，则会表现得有些肉疼、有些烦躁、有些后悔。

对于上述现象，网红连锁店品牌"名创优品"（MINISO）创始人叶国富发明了一个新词——顾客表情指数。

叶国富经常在旗下实体店观察顾客的购买行为，他总结出这样一条结论——顾客付款之后到走出店门那几步的面部表情暗藏玄机，如果他们一边翻腾购物袋里面的商品，一边面露喜色，说明他们对这次购物比较满意，说明商家的商业模式可行，能够打动消费者；相反，如果顾客在这几步的行走中面无表情，或面露难色，则说明他们对这次购物经历不够满意。

在叶国富看来，经营实体店其实并不需要什么高深的理论，最本质之处在于能够洞察顾客心理，并设法满足他们，"商业成败的核心，就是在收银台到门口这5步距离，消费者脸上的表情，顾客挑选商品伸手的那一刻，就决定了一个企业的生死。"

顾客表情指数本质上反映的是顾客期望值的问题。如果商家能够满足甚至超出他们的心理预期，则顾客表情必然是欢心愉悦的；反之，如果顾客的心理预期得不到满足，其表情就会变得烦躁焦虑。

美国质量大师约瑟夫·朱兰在告别美国质量学会的演说中指出：20世纪是生产率的世纪，21世纪是质量的世纪，质量是和平占领市场最有效的武器。

质量管理界提出了质量管理的八大原则，其中首要原则就是"以顾客为关注焦点"，关注顾客的首要任务是满足顾客的需求或期望，这些需求或期望构成了顾客对质量的要求。

实体店提供的产品、服务质量会直接影响顾客满意度，影响顾客表情指数。

产品、服务质量与顾客满意度是一对不可分割的孪生体，都是对顾客所需要的客观产品或服务的一种"质"的度量。通常来说，产品、服务质量越高，顾客需求被满足的程度也就越高，顾客满意度就越高。反过来说，产品、服务质量越差，顾客的满意度也会越低。由此可见，产品、服务质量与顾客满意度呈正相关性。

但产品、服务质量和顾客满意度之间并非简单的线性关系，这里有一个反映质量和顾客满意度关系的模型（见图9-2）。

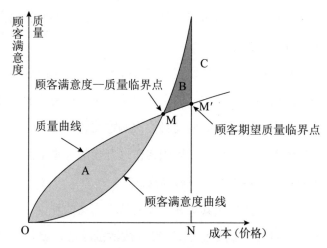

图9-2　商品、服务质量同顾客满意度的关系

这个模型有助于实体店经营者更好地洞察如何才能更好地使顾客更满意，如何优化顾客的表情指数。

基于顾客表情指数的期望值提升解决方案，叶国富提出了一个"四好理论"："好的线下实体店往往具备产品好、价格好、环境好、服务好这4大特点，比如海底捞、外婆家的店铺都开在黄金地段，装修有情调，服务到位，菜品精致，还是大众价格，如果一家餐厅做到一流的环境、一流的服务、一流的产品和五流的价格，门口没有不排队的。我去外婆家吃饭，三菜一汤，40多元钱搞定，那么好的环境、那么好的服务，过去哪儿敢想？"

影响消费者表情指数的，不仅有超预期的产品和服务，还包括人性化设计的场景和服务流程。

在提升顾客消费体验方面，名创优品一直都在不遗余力地精进门店设施和服务流程：

第一，以人为本的货架高度。货架高度是影响消费者购物体验的一个重要硬件细节。如果货架太高，尽管能够摆放较多的商品，但不利于顾客拿取。如果货架太矮，利用率又比较低。

早期，名创优品的货架高度是 1.7 米，后来门店销售数据显示，这种高度的货架带给消费者的体验并不好，女性消费者很难够得着最上一层商品。

名创优品经过调查了解到，国人的平均身高男性为 1.67 米，女性为 1.55 米，于是将货架高度调整为 1.4 米，这样的高度能够确保商品陈列的最高位置正好是大部分消费者的平视位置。即消费者选购商品时，不需要仰视，也不需要过分俯视。名创优品的货架高度同 7-11 便利店的一样，事实证明这是最适合国内消费者购物习惯和消费体验的货架高度。

第二，22 秒完成一次收银。名创优品要求门店收银人员在 22 秒内完成一次收银，以减少排队结账顾客的等待时间。前面顾客结账速度越快，后面消费者的消费体验就越好。

通常，消费者刷卡结账需要 13 秒左右，采用微信、支付宝等移动支付方式则要花 7～8 秒，留给收银员的时间只有 10 秒左右，要在短短 10 秒时间内完成商品扫码、价格统计等动作。尽管时间很紧迫，但由于名创优品门店的 SPU 数量并不多（一般不会超过 500 个），且名创优品商品的定价也很有规律，大都是 9.9 元系列，19 元系列，29 元系列，39 元系列。收银员结算起来很快，会比传统超市节省很多时间。

第三，买完即走是最好的消费体验。快消品门店的购物体验有两种形式：一是探索式消费；二是体验式消费。

举例来说，屈臣氏、丝芙兰的门店就属于探索式消费，收银台设在门店最里面，尽可能增加消费者的行进动线，延长消费者的购物停留时间。

名创优品则属于体验式消费，将收银台设置在店门口，目的是方便顾客，可以买完即走。货架上的产品基本都是高消费频率的生活用品，而且陈列得很清晰，消费者可以直接选购，不需要再转来转去，这样就能做到不耽误消费者的时间。门口排队结账的顾客还可以起到羊群效应，吸引门店外的客流进店。

相对名创优品在顾客体验上的不断完善、优化，我们也看到更多的线下实体店完全没有精进顾客体验的意识，比如在一些传统实体书店，货架之高能直抵天花板，根本不考虑顾客是否能拿到。可以预料，此类门店的竞争力和吸引力会每况愈下。

★ 四、打造让顾客流连忘返的"诱因"

"好的商场一定能让顾客发出'啊'的惊叹！"

这是伊藤洋华堂中国区前总代表三枝富博的观点。

在品牌同质化和消费者审美疲劳的双重冲击下，实体店要想让顾客发出单音节的"啊"，甚至让顾客流连忘返，绝对不是一件简单的事。

除去商品、服务本身的新奇体验感，如店铺氛围、场景思维和强化场景体验等因素都能让顾客流连忘返，这些元素背后蕴藏着网红店进化为长红店的机会。

1. 场景思维

戏剧、电影中的场面被称为场景，门店场景直接决定顾客的体验和复购，场景思维成了越来越多实体店经营者、营销人员、店员必备的一种思维模式。

所谓场景，通俗地讲就是，谁在什么时间、什么地方做了什么事情（见图9-3）。

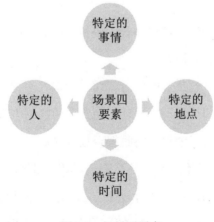

图9-3 场景四要素

场景无处不在，特定的人物、特定的时间、特定的地点之间存在特定的场景关系，这种场景延伸到商业领域便会引发不同的消费细分市场。

场景思维能够帮助实体店相关人员（经营者、营销人员、店员）在没有足够数据支持的情况下，通过想象的方式去构建消费场景，去研究相应场景中的消费者，看他们想要做什么，需要什么，有什么痛苦与麻烦，什么样的产品或服务才是他们需要的，他们为什么不消费我们的产品或服务……

场景依赖于人，没有人的意识和动作就不存在场景。场景思维可以帮助商家更好地理解消费者的痛点和需求。

充分理解顾客消费场景，就可以基于顾客的使用场景，为顾客提供更直观的服务方案，促成有效的互动，更流畅地满足他们的预期（见图9-4）。

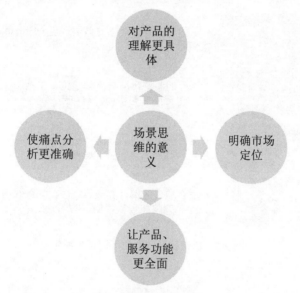

图 9-4　场景思维的积极效应

场景思维让人豁然开朗，明白什么更重要，什么应该优先去解决。

移动互联网把人的存在感提到空前高度，各种便携式智能设备把人们的时间切割成无数碎片，消费者不再局限于 PC 互联网时代的 PC 端鼠标点击。商家的信息渗透变得无处不在，消费行为变得更加移动分散，更加去中心化，随之出现了无限多的消费场景。在移动互联网构筑的虚拟世界里，任何一个生活场景（无论现实、虚拟）都有可能转化为实际消费，市场开始由传统的价格导向转为场景导向。

借助场景化思维，体验营销要思考的问题是如何在快节奏、碎片化的消费环境中，保持消费者对自身产品和服务的印象与记忆。

场景思维能够让商家在多变且个性化的消费者场景中，摆脱移动互联网时代的焦虑与挑战，通过占据场景、利用场景，提升顾客体验，提高复购。

2.营造独特的店铺气质

店铺气质是门店场景的集中体现，是由店铺装潢、店铺氛围营造出来的，通过精心设计，可以为顾客创造出一个亲切、和谐、轻松、舒适的消费环境。

店铺氛围和气质的打造，要考虑适时、适品、适所、适人等要求（见图9-5）。

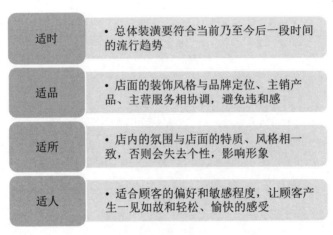

图9-5 店铺氛围营造的"四适"原则

▶【案例9-1】

2023年2月，新式鲜果茶品牌沪上阿姨 LAB 概念店 JENNY SPACE 正式开业，该店融合了鲜果茶的味觉与视觉、新锐的社交体验以及沪上先锋文化，是一个能为消费者带来多维茶饮体验的奇妙梦幻空间。

LAB 店包含三层空间。

第一层为"味觉解码"空间，里面是茶咖酒先锋实验室，用来为顾客制作以沪上阿姨经典的血糯米、白茶、鲜果等灵感元素为基础的创意调饮，比如，重构血糯米分子、混合糯香酒香等复合香气的"微醺糯米冰"，手烧陶炉明火现煮7

分钟的精品白茶"解忧白月光"等。

第二层为"同频共振"空间，致力于为同频的人提供一个快乐的社交空间，以明亮舒适的空间搭配首发创意周边，同频的茶饮爱好者可以在此休闲、打卡、相遇。

第三层为"第六感官"空间，一个无边界的艺术领地，沪上阿姨会不定期同声音、画作、摄影、雕塑领域的新锐艺术家合作，让多元化的艺术和茶饮文化碰撞，给顾客一个全新的艺术视角来洞悉沪上阿姨，洞悉上海。

沪上阿姨的 LAB 概念店做到了适时、适品、适所、适人，为消费者呈现出一个立体多维的品牌体验场景，构筑了适时、适品、适所、适人的饮茶时空场，让艺术与生活共振。

3. 场景营销：强化场景体验

场景营销，是在实体店交易过程中，商家以情景为背景，以服务为舞台，以商品为道具，通过环境、氛围、场景的营造，使顾客在消费体验中通过口、耳、鼻、眼、心等全方位、立体式感受商家所制造的"情感共振"式体验，通过独特的场景来激发顾客的消费欲望，引起顾客的共鸣，进而达成交易。

直白地说，实体店的场景营销就是以场景来触发顾客的购买欲望。

场景营销属于体验式营销的细化和深入，在越来越多的消费情境下，仅仅是产品本身的体验已经不足以令顾客做出购买决策，因此就需要为顾客构造一个恰当的场景，通过场景营造的氛围来触动顾客的心弦，建立情感上的共鸣，成交也就成了顺理成章的事情。

比如，消费者去某个家居市场，看到单品家居散乱地分布在卖场内，很可能就没有深入去了解的欲望了，更谈不上付诸购买行动。而当消费者光临宜家家居体验馆时，看到沙发、靠枕、茶几、杯盏等产品被家居设计师巧妙组合成一间模拟客厅的真实场景，就会产生一种身临其境的感觉。原本散乱的家居产品经过设计师的搭配，就像是被施了魔法一般漂亮，顾客迫切地想要拥有，想要在自己家中复制自己喜欢的家居布置场景，那么购买的欲望就产生了。这就是商家给消费者构建了一个场景，通过这个场景来触发消费者的购买欲。

菲利普·科特勒说，营销是创造和满足需求。场景营销就是构建一个情景，来触发消费者的需求并满足他。消费者的需求可能是刚性需求，也可能是柔性需求。场景可能是现实场景，也可能是虚拟场景，或者是混合场景。

从更广义的视角来说，营销就是要"在对的时间、对的地点，为消费者提供对的信息"，这称得上场景化营销最根本的出发点。线下场景化营销的核心特点是互动性强、应时、应景、不生硬，且能给顾客带来惊喜，而基于场景为消费者带来实际价值的营销才是双赢的营销。

线下实体店的场景化营销还有很长的路要走，要真正致力于从"硬件＋气氛＋人与人的互动"等层面上全方位精进。

第一，硬件配置。硬件配置、设计是体验式场景打造的基础性工作。要从顾客需求、喜好的角度，而不仅仅是从商家、销售的角度去配置营销场景，这是体验营销工作思路转变的重中之重。

第二，气氛烘托。仅仅具备良好的硬件配置还远远不够，如果不能有效烘托出让顾客流连忘返的门店氛围，同样难以留住顾客。"无感情、冷冰冰"的门店氛围，会让顾客敬而远之。比如，在竞争激烈的线下家居行业，宜家的质量不一定最好，价格也不一定最低，但它却将场景化营销做到了极致。宜家卖场通过对生活空间、创意设计、产品故事的巧妙运用，营造了独特的销售氛围，对顾客有着强烈的吸引力。

第三，人与人的互动。相对硬件配置和气氛烘托，人与人的互动是更高层面的场景营造元素。在互动营销中，互动的一方是消费者，一方是商家。只有抓住共同利益点，找到巧妙的沟通时机和方法，才能将双方紧密结合起来。互动营销尤其强调的是，双方都要采取一种共同的行为。

★ 五、探鱼：如何做顾客体验管理

顾客（客户）体验管理，是哥伦比亚商学院教授伯德·施密特（Bernd H.

Schmitt）于 2023 年在其著作《客户体验管理》中提出的。书中提到，客户体验管理（Customer Experience Management，CEM）是 "战略性地管理客户对产品或公司全面体验的过程"。

对于客户体验管理（CEM），著名 IT 和数字化咨询机构 Gartner（高德纳）给出的定义是："设计和响应客户互动以满足或超过客户期望，从而提高客户满意度、忠诚度和拥护度。"

有效的顾客体验管理，将为门店（企业）赢得更多的忠诚顾客。

实际上，线下消费体验取决于商家的地段、装潢、氛围、人员、态度等综合因素，每一个消费者从不同视角去察觉，会有完全不同的体验，这是实体商业相对电商的魅力所在。

顾客体验管理以提高顾客整体体验值为出发点，注重与顾客的每一次接触，通过协调整合售前、售中、售后等各个阶段，认真衔接各种客户接触点或接触渠道，有目的、无缝隙地为顾客传递目标信息，创造正面形象，以实现良性互动。

探鱼的顾客体验管理把控住了三个关键环节：就餐前、就餐中、就餐后。

就餐前。餐饮行业，通常将领位和点菜员当成顾客服务的第一个接触点，探鱼则将该接触点前置，在门童的位置安排了一个 "咨客" 岗位，在店门口负责招呼顾客、介绍菜品、管理取号排队。探鱼将咨客视为客户经理，而不是简单的门童。一个优秀的咨客，其带客量要比普通咨客高出 50%。

探鱼定义的优秀咨客，在上班途中就会着工装、手持宣传卡片，碰见路人就主动推销："你好，我们是探鱼餐厅，欢迎有时间来体验。"

到达门店后，咨客也不只是被动地坐等顾客上门。如果发现门店外面有人漫无目的地徘徊，咨客就会主动上前，积极同顾客交流，给出就餐建议。

就餐中。就餐环节，餐厅方面需要做的工作很多，探鱼顾客体验管理工作的衡量标准很简单——做某件事是不是对顾客有好处？如果有，再麻烦都要做。如果没有，再简单也不会额外添加。

例如，顾客进店后到座位这一段路程，探鱼的动线设计比较合理，让顾客不走回头路。同时还会有服务员在前面领路，不让顾客绕来绕去。

顾客就座后，服务员一般都是直接让顾客扫二维码点餐，然后离开。探鱼认为这种体验很不好，于是提供了自助下单和人工点单两种方式，将选择权交给顾客。不喜欢过多交流的顾客可以选择自主扫码点餐，喜欢交流的顾客可以选择人工点餐，这样向服务员询问一些问题也能及时得到回应。探鱼保留两种服务方式，考虑的是顾客体验是否便利，而不是只考虑餐厅经营的便利。

就餐后。探鱼非常注重顾客结账之后的感受，懂得利用峰终定律来管理餐后体验。在顾客结账后，门口会提供免费的果丹皮，有些顾客喜欢吃就会拿走一大把，每年花在免费果丹皮上的费用超过 100 万元，但因为顾客喜欢，又传递了品牌调性，在就餐后形成一个强有力的结尾，增强了餐后体验，探鱼觉得很值。

强有力的终点，其实就是顾客回头和复购的起点。

对顾客体验的有效把握和管理，可以提高顾客对商家的满意度和忠诚度，最终提升门店价值。

实体店在认同和理解顾客体验理念和文化的基础上，需实时了解顾客当下的实际体验和其期望值，在日常运营中确定关键的体验节点，按步骤进行体验管理，对顾客期望值和实际体验的差距进行分析，制定针对性的改善措施。

第一步：了解品牌价值。所谓品牌价值，即实体店吸引顾客的核心卖点，可以是一流的性价比，可以是人性化的服务，可以是丰富多样的商品，可以是极具传承的品牌内涵。总之，一切能够吸引顾客光顾的差异化卖点，都是商家赖以生存的品牌价值所在。

第二步：了解当下顾客体验和期望。顾客满意度是顾客实际体验值和期望值的差额，如果实际消费体验达不到他们的心理预期，满意度就是负值，如果消费体验值超出期望值，则满意度为正值。顾客满意的程度，会直接影响他们的后续消费。

相对而言，顾客期望值很难去左右，可以通过提升顾客消费体验来提升其消费满意度。前提是要去充分分析目标顾客的消费期望，客观考量门店能给顾客带去的实际体验。

第三步：确定关键体验（接触点）。将店内能够影响到顾客体验的所有环节、所有接触面进行排序分析，找出能够对顾客期望值产生关键影响的关键体验，即商家与顾客的关键接触点。

第四步：分析理想体验与实际的差距。针对关键接触点，要弄清楚顾客希望得到什么样的体验，他们心中的理想体验是什么，同时分析观察店铺在这些关键接触点给顾客提供的实际体验，找出差距。

找差距不能只靠店员，他们受思维定式及主观偏见影响，往往很难发现差距，也难以找出问题所在。这就需要更高层面人员（管理人员、店长、老板）介入，深入观察、调研、对比，同时对标分析研究那些业绩良好的竞争对手能给顾客提供的关键接触点体验。

例如，就服装店而言，左右顾客体验的一个关键接触点是顾客试衣表示不满意且不想购买时，店员的反应。如果此时店员表现出不耐烦或者直接来个一百八十度大转弯，明显会让顾客感觉不满意。而那些顾客体验良好的服装店，该环节就做得非常到位，其店员不仅不会表现出丝毫的不快，甚至还会因为顾客不满意而感到抱歉。

第五步：制定改善措施弥补差距。找到问题所在，下一步就要研究改进措施。如果是人的因素，要进行针对性的培训指导，对于经培训教育后仍无法满足要求者，则应果断予以辞退；如果是其他方面的因素，则需要结合门店实际情况和能力进行相应的完善。

第六步：将改善过程与店铺能力相结合。线下门店的竞争力和竞争优势各不相同，在弥补顾客体验短板的同时，应注意保持自身优势，同时要结合门店的实际能力（经济实力、人员能力）有所取舍，弥补明显的体验洼地，强化竞争优势。

第七步：构建持续改善的反馈机制。线下门店体验的改进源于一套能够自动运转的反馈改善机制，而非经营者的一时头脑发热。持续改善的反馈机制有赖于经营者、店员、管理人员和顾客共同努力，共同监督，形成一条利益驱动链条，去调动链条上的相关人员投身于体验反馈改善工作中去。

★ 六、门店体验的最高境界是传递情感

"人是万物的尺度"，这是古希腊哲学家普罗塔戈拉最著名的哲学命题。

实体店是以人为本、应需（顾客对温情商业、温情服务的需求）而生的，因为满足顾客的心理需求而被需要，从而得以持续发展。

体验营销强调以人为本，旨在借助看、听、用、参与等手段，充分刺激和调动消费者的感官、情感、思考、行动、联想等感性因素和理性因素，重新定义和设计消费者脑海中的思考方式，最终让消费者实现品牌认同。

在当下的市场环境中，线下商家的产品和服务差异越来越小，有必要通过体验式营销手段让消费者积极参与，感受到利益和诱惑所在。如果单纯让消费者去体验产品和服务的好处，只能停留在消费者感官层面进行互动。而能够给消费者带来最深刻印象和最完美体验的要属情感因素，只有情感传递才能历久弥新，才能让消费者产生感同身受的美妙体验。

情感体验，就是用感性手段带动顾客心理上的体验活动，是个体受其周围客观环境的影响所产生的一种神奇的主观感觉体验，它可以是积极的，也可以是消极的。情感体验营销，目的是对顾客产生积极的影响，使其产生积极的感官体验。

消费者在门店购买产品、享受服务，在很多情况下是为了追求一种情感上的满足。当某种产品、服务能够满足消费者的某些心理需要或充分表现其自我形象时，它在消费者心目中的价值可能远远超出产品、服务本身。

随着产品、服务同质化现象日趋严重，可替代性越来越高，功能性要求的满足已经不再是消费者最关注的了，消费者对产品、服务的需求从功能性满足上升到情感满足和个人价值的实现上，因此相对于理性诉求的营销，主张感性诉求的情感营销手段更能迎合消费者，吸引消费者。

在此背景下，情感营销应运而生，它是结合当代消费者的心理特征，由向消费者展示产品、服务的物理、功能属性，提升到迎合消费者使用产品获得的情感满足，与消费者产生情感上的共鸣。

1. 构建有温度的消费环境

商家需要精准掌握用户需求信息，提供贴合用户需求的"有温度"的产品和服务，提供有温度的消费环境。

红星美凯龙首创性地提出了"实体赋能互联网"的概念。红星美凯龙总裁李斌表示，"门店是我们的体验中心、服务中心，也是未来我们最精准流量的最大的入口，通过实体店为线上平台多领域扩张赋能和用户积累赋能。"

李斌称："最终我们是以实体门店为核心服务用户，让体验更有温度，让服务更专业、更人性化；同时通过互联网平台和技术工具，让用户的选择更丰富，参与更便捷；线上线下一体化融合、相互赋能，建立无缝衔接的服务闭环，真正迎接品质消费时代的到来。"

线下如何为线上赋能？必须依靠有温度的消费环境、有温度的体验（见图9-6）。

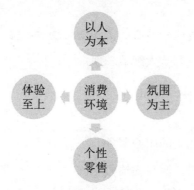

图9-6 消费环境"温度"四要素

把内心的温度外放，构建一个有温度的消费环境，让消费者心情愉悦，应是线下商家经营的基点，可以让门店具备不可替代的价值。

2. 提供有温度的服务

有温度的商业，离不开有温度的硬件、有温度的消费环境，更少不了人的因素，离不开人为的温情服务。

▶【案例9-2】

业务遍及24个国家的丽思卡尔顿，是一家顶尖的五星级国际酒店，时装天后可可·香奈儿在去世前长达 37 年的时间，一直以巴黎丽思卡尔顿套房为家。

丽思卡尔顿酒店最让人津津乐道的是其"有温度的服务"。

为了确保每个客人都能享受到有温度的服务，丽思卡尔顿全体员工，上至总经理、高管，下至一线员工，每个人都随身携带一张信条卡，卡片上有这样的描述："以客户得到真诚关怀和舒适款待为最高使命；承诺为客户提供细致入微的个人服务和齐全完善的设施；甚至还能心照不宣地满足客户内心的愿望和需求。"

一位客人对丽思卡尔顿酒店曾给出这样的评价，"酒店的服务可说舒适到极致，不论你身处酒店的任何位置，都会有很多工作人员随时响应你的需要，根本不需要等到自己开口，主动接过行李，主动送到房间，主动帮忙寄存行李，主动帮忙提取行李，等等。同时酒店办理入住及退房非常高效，入住整体感觉特别满意。"

线下实体店是消费者和经营者的美丽邂逅场所，温度应无处不在。充满温情的服务来源于真情实感，有五大细节表现：

第一，发自内心的真实情感。

第二，换位思考的同理心。

第三，顾客能够感知到的用心服务。

第四，表达真实情感，避免虚情假意。

第五，不留死角，细微之处见真心。

门店服务是否充满温度，要看消费者进入消费环境后所碰到、摸到、看到、闻到、听到、得到的所有信息经过其大脑加工处理后的综合反馈结果。

3. 不仅提供商品和服务，还有情感和情怀

实体店有实体店的优势，面对面的店客交流更便于情感的传播，更利于情怀的流露。

"一个姿势，一句问候，一个眼神。它们看起来只是一些小小的细节，却带来幸福和感动。

小小的家居用品同样如此。实用的脚凳可以拉近家人间的距离，托盘上的早

餐是何等甜蜜。

小小的举动让每一天都变得不同，而看似特殊的时刻都发生得如此自然而然。

今年的故事将围绕厨房区域展开，在这里有太多值得珍藏的美好瞬间。从这里出发，小小的感动在家里的每个角落，静静发生着。

你能感受到，这些是生活里不可少的存在。"

这是 2016 年《宜家家居指南》中充满人文情怀的文案。宜家销售的不再是简单的家居产品，而是充满情感和人文关怀的生活方式解决方案。

宜家以贩卖"生活理念"的情感式体验服务闻名全球。它用创意和设计营造家的感觉，让消费者在艺术情境中一次次被感动。在这么美的店中享受一回，谁都会有购买的冲动。

宜家在顾客眼中是充满亲和力的，这种特质能诱发顾客感性消费的力量，展现出对消费者的无形诱惑力。

第十章
长红店：从机制裂变到口碑裂变

顾客口碑是实体店最好的招牌！网红店最讲究裂变，相对其他机制裂变模式，口碑裂变是一种省钱省力的裂变营销模式。

好的产品（服务）是引发口碑传播和口碑裂变的诱因。营销大师科特勒认为，只有卓越的用户体验才能激发用户正面评论（正面口碑），这是口碑营销的基石。

卓越的用户体验来自卓越的产品和服务，卓越的产品和服务源自匠人精神，以匠人、匠心塑造的实体店，不会仅仅止步于长红店，它们会成长为连锁品牌，百年品牌，百年老店！

★ 一、长红品牌：深耕人、货、场

阿里巴巴集团 CEO 张勇对新零售的诠释为：在大数据驱动下完成人、货、场的重构，产生化学反应，形成新的消费价值和体验。

线下门店，无论是网红店还是传统实体店，无论它们如何演进，都脱离不开一些商业底层逻辑和基本要素，比如人、货、场。传统实体店的经营破局也好，网红店的长红计划也好，都脱离不开对现有人、货、场的优化与重构，都要以用户需求为出发点，以一流的消费体验为中心，重新组织商品，升级服务，重塑消费路径，进行整个产业链的重构，最终目的是让用户感受到商家无所不在的服务价值和服务品质，无限逼近消费者内心真实需求。

1. 优化"人、货、场"体验

网红店的精进过程，是围绕用户体验对门店人、货、场进行优化的过程。

▶【案例 10-1】

太二酸菜鱼（以下称太二）早年以网红店出圈，从 2015 年创立至今一直坚持直营模式，坚持从制作到出品严格把控品质，太二的经营逻辑离不开对人、货、场的控制与优化。

第一，人：简化服务。早期，太二门店装修为漫画风格，具有很强的视觉冲击力，再配合以独特的上菜方式——上酸菜鱼时，上菜小哥会吆喝一声：您的酸菜鱼来嘞——给食客留下了深刻印象和记忆点。

后来，太二开始基于顾客需求精简服务，例如，舍弃了等桌、倒水、加菜、点餐、打包等服务环节，简化了消费者进店流程，倒水、点单、支付全程自助，减去了年轻人吃饭时的心理压力。

太二还舍弃了聚会场景，不提供四人以上拼桌，不提供酒水，成为一家只有一道主菜、不提供酒水的餐饮店。

第二，货：注重品质。太二的主打特色菜品是老坛酸菜鱼，其他还包括配菜、凉菜、小吃、蔬菜、小面在内总计 20 余个 SKU，品类极为精简。太二的招牌菜即使只有酸菜鱼一个品类，在产品的打磨上也是磨出了花，一份酸菜鱼做出了八种不同的辣度。

为了在口感上做出差异化，区别于其他的酸菜鱼，太二用传统老坛工艺腌制酸菜，模仿地窖环境，把酸菜做到最好，喊出了"酸菜比鱼好吃"的口号，筑起了独一无二的产品壁垒。

为了确保酸菜鱼的品质，太二对两项主要原料——鱼和酸菜都有严格的产品标准。

太二选用的是鲈鱼，每一条鱼的重量在 1～1.3 斤，鱼片的厚度 0.2 厘米，长度 7 厘米左右，这样的鱼片吃起来口感最佳，能够确保肉质弹韧爽滑。

太二选用的酸菜要腌足 30 天。为此，太二在四川建立了大型腌制基地，用传统老坛工艺腌制，选天然泉水制作盐水，保证酸菜口感脆爽、酸味达标，且带有乳酸味。太二的酸菜比市面的酸菜成本高三倍，真正实现了"酸菜比鱼好吃"。

由于每天供应的达标好鱼和自家腌制的老坛酸菜数量有限，太二只能定量供应。如果没有好的酸菜，宁愿不营业。

第三，场：选址核心商圈。太二的选址理念同海底捞很相似，其门店大多分布于核心商圈的高档 Mall（购物中心，商场），通常被安排在商业综合体的最高楼层，是综合体的流量来源，同时也享受着房租优惠。

每家太二门店的门口都有一块店长说的牌子，上面写着"本店超过四人就餐不接待""本店不接受拼桌、不加位""不接受调整辣度""本店酸菜鱼不外卖"以及关于相关门店店长的描述。这样的用餐规则，很像是一位有原则又有点二的大厨在对自己作品十分自信的情况下对食客提出的要求，带给食客一种独特的场景体验。

从另一个角度看，太二之所以不接受调整辣度、不接受外卖，真正目的是保证口味上的统一和记忆点，避免外卖产品降低消费者的用餐体验，进而影响品牌美誉度。

据多个第三方研究报告显示，在中国所有酸菜鱼品牌中，太二一直在知名度、翻台率、市占率上稳居第一，已经成功从当初的网红店成长为业内颇具影响力的餐饮连锁品牌，这要归功于太二酸菜鱼在人、货、场上的高标准配置和不断优化。

2.重构"人、货、场"

创新型线下门店还能通过对人、货、场的重构来提升运营效率和消费体验。

▶【案例 10-2】

2016 年 1 月 15 日，盒马鲜生的第一家门店——上海金桥广场店正式开门营业，盒马 App 同步上线。

这家店设计了30%～40%的餐饮体验区，可以生熟联动，顾客可以一边通过App选购生鲜产品，一边品尝店里现烹的牛排。它表面上看是门店，店面之后还有一个物流配送中心，用来支持线上的销售，可在30分钟内完成3公里范围内的订单配送，确保生鲜产品的新鲜度。

　　盒马鲜生看上去既不像超市，不像便利店，不像餐饮店，也不像菜市场，但又有四者的影子，业内很多人都称盒马鲜生是跨界经营的"四不像业态"。从物理层面看，这是一家典型的线下门店，但又处处透露着创新业态的基因。

　　开业当天，金桥店迎来5000余名顾客，实现了10余万元的销售收入。开业第二个月，客流量开始大增，尤其是周末的销售额达到开业当天的10倍，盒马鲜生的首家门店实现了开门红。

　　盒马鲜生门店对人、货、场进行了重构，不是简单地打乱重组，而是充分实现了人与人、人与货、人与场、货与货、货与场、场与场之间的无缝链接，真正实现了人、货、场的优化配置，为企业高效运营和口碑爆发奠定了基础。

　　第一，人与人重构。在盒马鲜生门店，消费者结账时会被要求下载盒马App并绑定支付宝或淘宝账号。通过这个小要求，盒马鲜生可以收集消费者数据。通过支付宝账号，盒马鲜生还可以同阿里巴巴实现数据共享，进而跟踪用户的消费行为，勾勒用户画像，并借助大数据给出千人千面的个性化建议。

　　盒马鲜生通过F5社群实施粉丝营销，突出及时、互动、互利，将有价值的信息及时传递给用户，形成强关系链。

　　第二，人与货重构。货物本身反应的是消费需求。随着消费者个性化诉求增多，货物供给也呈现多元化趋势，盒马鲜生通过大数据技术与消费者画像，实现了人与货的精准快速匹配。

　　第三，人与场重构。门店场景对应着不同的消费需求与消费习惯。盒马鲜生借助零售O2O实现了人与场的无缝链接，有效提升了用户的消费体验。

　　第四，货与货重构。货与货之间代表的是需求之间的链接。盒马鲜生通过分析某个特定的消费者，以不同的货品来满足个人不同的需求，实现货与货的互补和连接，形成需求上的增量，让货与货之间实现关联。

第五，货与场重构。即根据不同的消费场景和消费习惯，精准匹配个性化的货品。

第六，场与场重构。场与场之间的链接、重构、跨界，为消费者带来了不同的消费体验和互动模式，有效提升了用户黏性和消费频次，也提高了门店的利用效率，实现了资源优化。

盒马鲜生围绕着人、货、场中的商业元素进行重构，是其区别于传统线下门店的重要标志。从目前的效果来看，盒马鲜生的商业模式是高效的。

太二酸菜鱼、盒马鲜生诞生之初都充满了网红光环，它们通过对人、货、场的精进与重构，不仅为顾客提供了新奇的消费体验，也在此基础上实现了复购（顾客并非一锤子买卖的尝鲜式消费）与裂变（由单店到多店连锁），在一个较长的周期内经受住了考验，打破了网红店曝光即死的魔咒。

★ 二、长红的基础：长期门店租赁合同

实体店商户租用商铺多年经营后，在一定范围内会形成一定的商业影响力，这是一种无形资产。如果突然撤店变更地址，这种无形资产和影响力就会消失归零，一切又要从头开始，长红也就无从谈起。

在店铺经营良好的情况下，承租人最担心的一件事莫过于，房东以各种缘由将商铺收回。

某网红店生意红火，每天人流如织，赢利丰厚。房东看得眼红，想收回来自己经营。这种情况下，即使有租赁合同约束，对于那些不具备契约精神的房东而言，也无济于事，他们完全可以借助漫天要价、大涨房租的手段将承租人逼走。

为了规避网红店的长红进程因门店租赁关系终止而被打断，需要提前做出一些未雨绸缪的安排。

1. 签署长期租赁合同

门店选址时，要同商铺出租方签订租期尽可能长的合同，避免出现变数导

致门店经营难以为继。麦当劳的店铺选址标准中就有这样一条约定——租期至少10年。

租期长的租赁合同，不仅可以避免房东漫天涨价，同时也能稳扎稳打，让店铺扎下根来，使无形资产不断增值。

2. 寻找具有共同经营心态的房东

日本的实体商业很成熟，竞争力非常强，电商对其基本形不成冲击。其中一个重要因素就在于，日本房东招商不是做房东的心态，而是共同经营的心态。

日本东京的六本木商业区精心打磨了整整15年才正式开业。他们从商户需求出发、从消费者需求出发，悉心研磨、打造出来的商业项目更加人性化，更贴近店铺经营者，贴近消费者，贴近生活，贴近商业的本质。

反观一些中小商铺的房东，基本都缺乏长远眼光和品牌意识，缺乏跟承租人共同经营的心态，有着严重的房东心态，只看重短期利益。

在当前商业大环境中，找到具有共同经营心态的房东比较困难。一个基本的原则是，优先选择单位房东而非个体房东。对于个体房东，要擦亮眼睛，考虑到各种可能出现的风险，通过合同予以约束。

3. 门店"六不租"

店面租赁的坑很多，店铺选址时要多留心眼，做到"六不租"。

第一，消防、水电不齐全的店铺不租。手续不齐全，随时都有被相关部门勒令停业整顿的可能。

第二，租期过短的店铺不租。租期短，意味着随时可能被房东扫地出门。永远不要相信任何口头承诺。即使违约金再高，也比不上装修费和前期精力的投资。

第三，不能和房东直接签约的不租。不论是同中介还是同二房东签约，一定要见到房东本人，在得到房东的相关授权（如店铺转租权等）之后方可签约。见不到房东本人，没有房东的书面授权，坚决不租。

第四，证件不齐全的商铺不租。正规商铺一般都有三个证件——商铺产权证、土地证、契证，三个证件缺一不可，证件不齐全的不要租。

第五，违建店铺不租。违章建筑随时有被拆除的可能，也会导致店铺朝不保夕，存在极大的不确定性风险。

第六，转让的店铺尽量不租。店铺转让陷阱很多，如果不得不租赁，则要仔细核算转让费以及因此而增加的成本回收期。同样，转让合同的签署必须要见到房东并经过房东同意，否则就存在合同到期没法续租及房东随时收回出租权的风险。另外，对于转让店铺的债务、费用等要交割清楚，例如会员卡怎么退费、煤气、电费等都要了解清楚。

4. 签订正式完整的租赁合同

租赁合同是保障承租人利益的重要凭证。除了常规合同条款，还需要注意以下内容的约定（见图10-1）。

图 10-1　店铺租赁合同中的三个关键问题

第一，装修补偿问题。商铺租赁后，承租人会根据经营需要对店铺进行装修，租赁协议期满或提前终止时的装修折旧与补偿方式一定要约定清楚。如因承租人违约导致租赁提前终止时，承租人无权要求出租人给予装修补偿。如因出租人原因而导致租赁提前终止时，出租人应做出补偿，并约定补偿标准和补偿形式。

第二，拆迁补偿问题。按照《国有土地上房屋征收与补偿条例》规定，房屋的征收及补偿仅针对房屋所有权人，也就是说，一旦承租的店面被征收，国家是不对承租人进行补偿的。

承租人必须与出租人对发生征收补偿时如何处理双方的关系作出约定。一旦发生征收事件，租赁合同将无法继续履行，双方应约定对承租人的损失进行价值补偿，补偿的范围包括预期经营利益的损失、装修折旧损失、搬迁费用等，补偿标准要具体化、数值（明确补偿标准和数值）化，以便于后期操作。

第三，优先承租问题。租赁合同到期，经营良好的店主希望继续承租。因此，应在合同条款中约定相应条款，保障自己的优先承租权，这里有两个要点：

• 明确什么是"出租人继续出租"。比如出租人要收回店铺自用，那么自用的期限就可以加以限制，比如至少自用 1 年，否则视为出租人违约，应承担一定数额的违约赔偿责任。这样可以防止出租人收回房屋自用 1 天然后出租以阻断"继续出租"的情形。

• 约定什么是"同等条件"。如租金上下不超过 10% 就算同等条件，比如原租金是 10000 元，其他人员出的价格只要不超过 11000 元，承租人就有权以 10000 元继续承租，这样可以防止侵害优先承租权的情形出现。

★ 三、增长逻辑：从机制裂变到口碑裂变

顾客口碑是实体店最好的招牌。

所谓顾客口碑，简单来讲，就是如果顾客满意，他们就会自动自发向别人推荐分享。

实体店口碑可以用公、信、力来解读。

公，让公众知道，在市场上拥有一定知名度。信，信誉良好，公众愿意相信。力，领导力，即品牌在市场上是否以领导品牌形象出现，其产品、服务被公众视为标准，并用来衡量其他竞品的产品和服务。

网红店最讲究裂变，相对其他机制裂变模式，口碑裂变营销称得上是一种省钱省力的营销模式。口碑裂变式不需要活动过程，不需要利益机制刺激，它只需要做好产品和服务，积累口碑，就能够继续保存旧的顾客，拉动新的顾客。好的口碑会让消费者在社交平台上自觉自愿地推荐，为门店带来口碑流量。

口碑裂变营销，是指商家在品牌建立过程中，通过消费者之间的相互交流将自己的产品信息或者品牌传播出去。口碑营销的最大特征是可信度高，利用口碑传播所传达的信息渗透率高，达成最终成交的可能性更大。

有研究称，接近20%～50%的决策背后，其首要影响因素是口碑，尤其是在消费者进行首次购买或者产品相对价值高昂的时候。口碑营销相对于传统营销具有先天优势（见图10-2）。

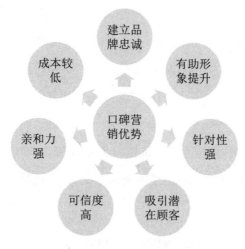

图 10-2　口碑营销的七大优势

1. 口碑裂变营销四要件

口碑传播如何进行得更快更广更好？如何让消费者"自然的、发自真心的"去进行正向传播？首先需要满足四项条件。

第一，让每一个消费者对门店产品、服务留下好印象，不留死角。

第二，让消费者更容易碰到适合传播的场景和事件。

第三，让消费者更容易记忆和表述曾经体验过的产品、服务过程的美好。

第四，让接受口碑传播的一方易于接受、理解和记忆信息，才能更容易转化为实际客户。

2. 口碑裂变营销的基础

卓越的用户体验来自卓越的产品和服务。

"消费者口碑是企业最核心的竞争力，共促消费公平是所有企业需要承担的责任。"这是沪上阿姨鲜果茶创始人单卫钧在企业发展中坚持的理念。在单卫钧看来，最好的营销广告是消费者的口碑。他对口碑的理解是："每个人每天都会刷抖音，短视频好不好，至少有两个判断标准，一个是不是看完了，一个有没有被分享。对于茶饮来说，道理是相通的：一是完杯率，饮品好不好喝，要看能否喝到一滴不剩；二是分享率，愿不愿意分享给他人。"

截至 2023 年 2 月，沪上阿姨鲜果茶已在全国 200 多个城市开了超过 5000 家门店。2022 年全年热销超过 3.5 亿杯，美团外卖店均评分超过 4.8 分，顾客口碑非常好。

沪上阿姨的良好用户口碑来自一流的产品品质和消费体验。为了打造高质量的产品，沪上阿姨在全产业链用力。

第一，在产业链上游，沪上阿姨鲜果茶建立了覆盖全球的原料供应链，实现了智利车厘子、东魁杨梅、河北皇冠梨、凤庆滇红等名优食材的全球新鲜直采。

第二，在产业链中游，沪上阿姨鲜果茶在全国建设了 8 个仓储物流基地、6 个鲜果冷链大仓、22 个冷链前置仓、4 个全国设备仓，全国冷链覆盖率接近 100%，1 ～ 2 天时间就能将冷链食材送达各个门店，可充分保障食材的优质与安全。

第三，在产业链下游，沪上阿姨鲜果茶通过线上＋线下的运营模式，对每家门店的 QSC（品质、服务、清洁）、标准操作、服务体验进行高效管理，让每一位消费者都能喝到口感新鲜、真材实料的茶饮。

凭借企业实力、品牌荣誉、消费者口碑、企业在行业内排名等，沪上阿姨鲜果茶入选"2022 中国十大好喝茶饮品牌"榜单、"2022 年度中国食品安全诚信单位"、"2022 年度中国消费者满意产品"；2023 年又摘得被誉为国内餐饮界奥斯卡的"餐饮金虎奖"。如今"爱鲜果茶，喝沪上阿姨"的品牌定位已深植消费者心智。

好的产品（服务）是口碑的发动机，是所有基础的基础。产品（服务）品质是 1，口碑传播都是它身后的 0，没有前者的 1，后面的 0 将没有任何意义。如果在产品（服务）存在瑕疵的情况下，盲目进行口碑营销，只会带来更大的负面口碑风暴，让商家难以招架。

3. 设法让顾客口口相传

当人们买了一件新衣服，感觉这件衣服很漂亮、很值的时候，当人们享用了一餐美食，心情舒畅的时候，就会情不自禁地向周围的朋友推荐。

所谓口碑营销，其实就是口口相传。如何让顾客口口相传？通过在产品、服务上让顾客获得超预期体验，让顾客惊喜、让顾客感动，比如海底捞的优质服务、能把人美哭的日本羊羹、不过度推销的信誉楼营业员、提供个性化服务的丽思卡尔顿酒店、在关键体验节点制造惊喜的宜家等。

门店也可以通过收集顾客见证的方式来实现口碑传播。在拉萨网红餐厅吉祥圣雪，贴满餐厅二楼整个墙壁的都是名人（顾客）留影，包括邓超、陈赫、侣行夫妇等，此类顾客见证也是引发口碑传播的诱因之一。

从机制裂变到口碑裂变的转变，对应的是网红店增长逻辑的逆转，从外力（利益刺激）驱动到内力（修炼内功）驱动，实现网红店到长红店的突破。

★ 四、进化：从网红店到品牌连锁店

网红店的成长存在一个悖论：想要做大（连锁复制）就很难一直红（网红店快速起势，短时间大量收割流量那种爆红），能长红（即便长红，也很难维持起势时的那种流量爆棚）的往往做不大。

网红店之所以成为网红，在于它是稀缺的。根据经济学原理，这是由供给和需求关系决定的。而调节供给和需求的最有效办法是增加供给，比如多开连锁店，那就意味着供需平衡，大量排队的现象就会消失，网红店就会从稀缺走向大众。

实现从网红店到品牌连锁店的进化，也是网红店实现长红的另一种路径。不过，从单店模式到连锁模式，品牌的经营理念也要与时俱进，不能再简单沿用网红店的思路。

1.可复制：连锁模式的核心

首先要清楚一点：并非所有的门店都适合复制，适合连锁。

举个例子，每个地方都有一些生意非常好的苍蝇小馆，大多是餐饮小吃店，它们从来不缺客流，且大部分都是回头客。缺点是无法复制，这类"神店"主要

靠老板个人的精湛手艺和多年的老顾客口碑形成，无法解决产品标准化问题，如果换个人来做，就没有了正宗的味道，顾客不再买账。

什么样的门店可以升级为连锁模式？答案很简单——可复制的门店！像鲍师傅的小贝系列产品制作有严格的量化标准，肉松用量精确到克，烤制时间精确到秒，确保成品不隔夜，每个门店都可以按量化标准去制作，产品做到了可复制，门店也就可以复制。

2. 标准化：可复制的关键

只有标准化的门店才可以复制，打造一个优秀门店的标准化流程或说是单店模型，是进行连锁性扩张的基础。要做到用连锁思维做单店，即在运营一个店的时候，就要有意识去搭建优化单店盈利模型、标准化运营体系和相关储备（尤其是人才团队，摆脱品牌对老板或某个人的高度依赖）。

用连锁思维做单店，在选品、产品结构设计、定价、选址、客群定位、空间结构设计、运营管理和流程等方面，都需要以是否可复制开店且盈利的标准去思考。需要先塑造"单店模型"，在这个基础上才能将人、财、物及管理模型匹配，测算得出"连锁模型"和标准化运营体系，实现规模化扩张。

霍华德·舒尔茨改造星巴克的重点是将所有工作标准化，包括咖啡制作、运营管理、咖啡师和店长培育机制等。在星巴克没有最好的咖啡，只有出品最稳定的咖啡。如何确保出品稳定？严格按标准制作。比如，咖啡豆的标准、水的标准、牛奶的标准、杯子的标准、温度的标准，星巴克都有量化规定。星巴克还要求门店全自动咖啡机要在 18 ～ 24 秒冲出一杯咖啡，在 10 秒钟内送到顾客手上，确保顾客在任意一家星巴克门店喝到的同款咖啡都是相同味道的。

任何一个品牌连锁成功的核心都离不开标准化，这样才能确保消费者在任何一个门店享受到同样标准的产品与服务。

瑞幸咖啡高速扩张的背后是其数字化管理赋能下的高度标准化、流程化。

在瑞幸门店，每个流程都有严格标准，比如店员每半小时要洗一次手，每次洗手要搓够 20 秒钟。再比如，店员每次铲冰前要先洗手，再戴手套、拿冰铲，铲冰流程、冰铲放置位置等都有规定。

门店内部一切工作被无死角监控，所有流程如果违规，都会扣绩效。

瑞幸还要求员工每天做食材存货盘点。以牛奶为例，如果当天准备了30升牛奶，订单显示用掉28升，那么剩余牛奶量要在1.5～2.5升之间，可以有500毫升的容错率，但不能超过这个数字，否则系统就会标红。如果标红的食材过多，门店就会被追责。

瑞幸的标准化还表现在以下几点。

第一，标准化的研发。瑞幸整个研发过程都实现了标准化和数字化，首先将各种原料和口味数字化，量化追踪饮品的流行趋势。研发人员还会将甜度、香气等指标数据化，将对于咖啡的理解变成具象的算法，并结合门店端的大量订单数据来评估咖啡新口味搭配的可行性。

通过这些数据，瑞幸能得出无数种产品组合，也能发现还有哪些奶咖、果咖产品没有研发上新，还可以去填补空白。

标准化的研发体系使得瑞幸能够快速推出新品。2021年，瑞幸共推出113款全新现制饮品，同期星巴克中国推出30款新品，奈雪的茶推出41款新品。

第二，标准化的产品。为了实现产品标准化，减少人为造成的出品差异，瑞幸所有门店均采用全自动咖啡机，"咖啡师"唯一要手动做的就是压一下糖浆。

产品标准化一方面可以降低产品制作的门槛，提高可复制性，增加出品的稳定性，不会由于咖啡师的技能水平差异而影响出品质量；另一方面也能减少门店咖啡师岗位人数，节约人工。

第三，标准化的决策。在瑞幸，没有经验的员工也可以做店长，因为门店的决策基本上都是由系统自动进行，店长重点负责执行即可。以进货决策为例，瑞幸的门店每周日、周一、周三晚上要同时申请进货，系统会根据近期的订单来判断需求，自动推送一个进货量。即使店长经验不足，也可以根据这个数字来确定进货量。而轻食的进货量则完全是系统自动安排的，店长不能改变数量。如果长期销售情况不佳，进货量便会自动减少。

第四，标准化的门店选址。瑞幸拥有一套标准化且精准的选址模型，通过大数据对外卖App购买数据的追踪，能够精准定位到潜在用户的密集区域，也就是门店店址所在地。门店选址的决策过程实际上是算法在进行决策，如果某些社区或写字楼的订单量特别大，瑞幸就会在附近增开一家门店。如果一家门店的订单不及预期，瑞幸算法系统还会自动提醒选址问题，并快速响应改变选址。

门店连锁经营的核心是标准化体系，而连锁的本质是复制。如何提炼标准、如何管控、如何形成连锁人才蓄水池平台、如何做好门店细节操作等各项工作，都是需要开展的系统工程。如果不具备成熟的运作模式和管理团队，就无法对门店进行统一管理、统一操作、统一配送，"连而不锁"，消费者就无法体验品质一致且稳定的产品和服务。

即使是新冠肺炎疫情之下，2022年第二季度瑞幸也新开门店615家，比第一季度还多出了近50家。这种开店速度简直就是在复制粘贴，而在高速复制粘贴的背后，是瑞幸整个运营体系的标准化和数字化。

★　五、跃迁：从商人精神到匠人精神

什么是商人？

所谓商人，是指以自身或社会有形资源或无形资源为工具获取利润，并负有一定社会责任的人，或者是以自己名义实施商业行为并以此为常业的人。

商人不仅仅是要获取利润，还要承担一定的社会责任。

商人做的事有两件，一是服务社会，承担一定的社会责任；二是在服务社会、承担责任的过程中赚取利润。

什么是商人精神呢？

所谓商人精神，就是"义中取利"。商人的经商活动就是在服务社会中赚钱。君子爱财，无可厚非，不过要取之有道，要合乎义的要求。古人讲"义者，宜也"，即处理事情应适当适宜，合情合理。反之，就是不义。

商人精神值不值得推崇呢？

回答当然是肯定的！

不得不承认，经商创业是一条充满荆棘与艰辛的道路，哪怕只是简单地摆个

地摊，开家小店，做个小小的个体户，也不例外。

这些生意人、创业者骨子里有一种商人精神，创业精神。

我们应该排斥的应是被扭曲的商人精神。

多年来，特别是我国改革开放以来，人们对商人普遍存在误解，认为商人就是为了赚钱，就是唯利是图，甚至认为无商不奸。

社会上的这种"误解"不是空穴来风，有其现实的土壤。我们看到，确实有一批商人、商家，为了利润不择手段，给人们留下了极其恶劣的负面印象。

就像那些快招公司，它们快速复制网红品牌，快速宣传，各种忽悠、蒙骗手段无所不用其极，收割流量，收割加盟商。时间长了，负面口碑相传，将网红品牌彻底做烂。等到再也没有人愿意上钩的时候，他们"摇身一变"换个名称、换个LOGO、换一套理念，还是原班人马，还是原来的老板，另起炉灶，照样做得风生水起。

这是典型的"圈钱—做死某款产品—出新品—圈钱"的死循环，这种生意模式难以持久。

我看到过这样一家店面，只有绿豆饼一种产品，买10元送10元，每天门前都排着长队。可是几天之后，门店日渐冷清。过段时间再次路过，那家店门前又排起了长长的队伍，开业花篮摆了两排，店面上的招牌变成了"奶油曲奇"，买10元送5元，别的没有任何变化（店员、店铺装潢、设备），销售再一次火起来，长队排到了马路上。

大概20天之后，同样的套路上演，招牌换成了"熏兔肉"，促销力度很大，"买多少送多少"，生意很火。

我下意识地想他们的下一个产品又会是什么？谁料，几天后这家店人去楼空。

我相信店家之所以"弃店"，并不是因为亏损，而恰恰是因为他们已经"赚够了"，将这一区域的消费潜力挖掘殆尽，所以精明地选择了离开。

我坚信，在别的地方，他们一定会"东山再起"。

如果单纯从生意、盈利的角度看，这个案例简直令人拍案叫绝。但如果从商人精神、商家追求的角度看，这是典型的"圈钱—做死某款产品—出新品—圈钱"。以这种心态去经营实体店，或许会成为网红店，但绝不可能成为长红店、口碑店、品牌店，因为它们没有根基，缺乏品牌效应。随着消费者甄别能力的提升，这种投机取巧赚快钱的操作迟早会成为历史。

具备匠人精神的实体店有哪些特质呢？

1. 一生专注做一件事

一生专注做一件事、做一项生意，指的玩命儿一般地去干，这种玩命不是短暂的，也不是某个周期内，而是一生一世。

"寿司之神"小野二郎倾其一生钻研寿司，从食材的寻觅到手法的改造步步精进。他以虔诚的职业精神将寿司打造成日本最顶尖和最具艺术美感的食物。

在小野二郎的寿司店里，每个店员都要从最不起眼的工作做起，每天不断地揉饭、生火、洗餐具、煎鸡蛋，如此历练，长达10年之久，才有机会接触到最核心的寿司制作工艺。一名在寿司店工作10年的店员，经过反复试制，其煎蛋的口感终获小野二郎的首肯，他流下了激动的泪水。

一生只专注做一件事，为了一件事而付出一生努力与拼命，这就是匠人精神。

2. 一心一意精进产品

一心一意精进产品类似形容日本匠人精神的词汇"一筋"，同中文里的"一根筋"意思相近，不过剔除了贬义成分，特指专注于一道一艺一职，不断精进，从一而终，决不变心。

日本"拉面之神"、大胜轩创始人山岸一雄，一生专注钻研制作拉面60年，从不为利益所动，也不受外界干扰，常年如一日，耐得住寂寞，精工细作，在质量问题上决不妥协，一心一意精进产品。

大胜轩拉面的材料、面的用量、高汤的原料、煮面的火候，无不执行最严格的标准，不多不少，不增不减，始终口味如一。不因客人多就缩短煮面的时间，不因原材料涨价就减少食材的使用，以不变应万变，这就是"拉面之神"的"一筋"气质。

3. 追求极致的卓越

具备匠人精神的实体店主对极致的追求是用户止境的，极致的产品、极致的服务是他们安身立命的根本。

在伦敦市中心，有一条长 300 余米的萨维尔街大街，拿破仑三世、英国前首相丘吉尔、英国查尔斯王储等社会名流都曾穿过这里出品的国际定制服装。

数百年来，萨维尔街践行追求极致、精益求精、力求完美的工匠精神，从未放弃对卓越的不懈追求，如今已成为世界男装领域令人高山仰止的工艺圣殿。

萨维尔街的裁缝为了追求极致的卓越，将定制服装的品质从 99% 提高到 99.99%。他们从不吝惜时间和精力的付出，完成一套全定制服装，裁缝需要精密测量顾客身体的 50 余处细节部位，得出精确的身高、肌肉形状、体型等个性化数据。服装制作通常要经 7 人之手，需消耗 50 个小时，客人则需等待两三个月。

萨维尔街上有一家名为"韦尔什＆杰弗里斯"的定制服装店，为丘吉尔量身定制过军装。该店的合伙人称，曾有年逾八旬的老顾客拿着 20 世纪 50 年代的定制西装回店里修补，这家店一直保存着所有顾客的定制信息，无论年代有多久远，他们甚至还修补过一件 1932 年出品的西装。

提供卓越的全定制服务（从量身、选布料到制版、试身和完工的一条龙服务），历来是萨维尔街高端定制服装商们的精髓所在。

4. 坚持原则，不刻意讨喜消费者

匠人为了坚守产品和服务品质，有自己的原则和底线，他们不会为了做成生意而去刻意讨好消费者。

日本熊本县有一家名叫"Kawazoe"的餐厅，推出了一款"日本最贵的烤牛肉"，在菜单主页上这样注明——"拒绝年收入 2000 万日元以下者享用"。

谈及原因，餐厅主厨称，低收入穷人的舌头早已被各种化学调味品和食品添加剂所麻痹，无法品尝出匠人用匠心精心打磨的产品，他们更倾向于仅凭价格来衡量食品的价值，无视匠人的热情。

这种做法不可否认有炒作之嫌，但也恰恰让我们见识了商家的坚守和负责。

在电影《泰囧》中有这样一个桥段：

徐朗（徐峥饰）得知王宝（王宝强饰）做煎饼且收入颇丰时，提出应该连锁化经营，包装上市。两人围绕这个话题有一番对话：

徐朗说：你把配方卖给我吧。

王宝回答：行啊，我的配方就是，必须我亲自做，不能请人，不能速冻，必须得新鲜出炉。

徐朗说：所以你一辈子只能做葱油饼，你知道吗。

这其实并不可笑，在一些具有匠人心态的店主那里，这种坚守恰恰是他们最真实的内心写照。坚守原则，意味着有自己认定的一套体系，不会因为外界的变化而轻易打破。他们尽己所能在能力范围内将事情做到极致，为客人提供最好的体验，反而是一种真诚。

以匠人、匠心塑造的实体店，不会仅仅止步于长红店，它们会成长为百年品牌、百年老店！